PĂRINTELE ACHIM

PĂRINTELE ACHIM

CONSTANTIN BORACIU

Titlul: "Părintele Achim"
Autor: CONSTANTIN BORACIU

Adresă contact: constantinboraciu@outlook.com

ISBN 978-973-0-39959-2

Dragă cititorule,

îmi doresc ca această carte, oriunde te va găsi, să te surprindă într-un mod original. Aș avea și eu o mică rugăminte către tine: citește-o, bucură-te sau nu de ea, dar, așa cum ai primit-o, dă-o mai departe. Las-o într-un loc ferit, protejată de vicisitudinile vremii și vremurilor. Poate să fie în casa unor prieteni, într-un lăcaș de cult, la un teatru, într-o instituție sau unde crezi de cuviință că ar fi cel mai bine. Apoi să *postezi* pe pagina ta de Facebook, folosind #ParinteleAchim, locul și data unde ai lăsat-o, așa, poate, alt cititor va găsi locul cu pricina. Astfel voi avea și eu posibilitatea de a ști pe unde călătorește cartea. Îți mulțumesc deja pentru acest serviciu și lectură cât mai plăcută!

∞

Mâna stângă era ușor deschisă cu degetele arcuite spre cer, iar în mâna dreaptă ținea o baghetă cu care-și compunea muzica micului său regat, el fiindu-și și rege, și popor. O lumină violetă spinteca jilava noapte de decembrie care îmbrăca acea ascunsă podgorie într-o uitată și păcătoasă desfătare. Stătea rezemat de zidul rece de piatră al beciului, de unde prea multe suflete fuseseră stoarse de licăriri și speranțe. Mâna Fatimei sau Mâna Fecioarei se lăsa admirată în constelații și incandescențe de cei care îi mai puteau descifra cheia majoră. Părintele, părea că stă într-un fel de rugăciune, cu ochii larg deschiși în cruda noapte a începutului de iarnă. Nici nu-și mai amintea de când poposise pentru prima dată în acele locuri, dar, pentru inima sa, nu avea nicio tresărire. Când soarta îi netezea această potecă revenea cu drag și desfătarea sufletească îi era răsplătită de fiecare dată.

Podgoria, ascunsă de dealuri și legile firii, nu mai avea puterea de odinioară, dar, chiar și așa, aducea un venit frumușel celor care o administrau. Orânduită pe pantele sudice ale dealurilor, primea din plin mângâierea energiei creatoare. În față, se întindea un lac imens de o frumusețe răpitoare, iară munții veșnici se îmbrăcau și se dezbrăcau de zăpadă și frunzișuri. Spre răsărit era cel mai savuros de contemplat: părea un peisaj răpit din basme, cu ascunzători de monștri fantastici și zâne de dimineață, cu fulgere misterioase și temple de altă credință, cu o magie arhaică ce nu mai putea fi încă explicată.

Părintele, îmbălsămat în aceste forțe și parfumuri, își amintea cu drag ultima lună petrecută într-o familie de creștini, într-un sat mult prea mic înghițit de un codru mult prea mare. Multe guri de hrănit, puține haine de îmbrăcat, nimic de chivernisit. Le dăduse tot ce mai avea prin buzunare și desagă și le mai alinase sufletele mult prea încercate. În fiecare seară stăteau cu toții pe prispa casei și se bucurau: de poveștile pe care le spuneau pentru cei mici, de amintiri și pățanii, de cântecele și poezii bâlbâite și stâlcite, de stele căzătoare, de vise și speranțe. Zilele se amestecau cu copiii, părinții se căutau cu munca, Părintele mai născocea vreo fericire. În ultima seară, pe un ton serios, le spuse:

- Dragii mei, bucuria pe care am simțit-o în această lună de zile se asemuiește cu poveștile de dincolo de viață și de moarte cu care am încercat de a vă destinde un pic. Am văzut până acum multe familii și multe destine, dar, ca a voastră, rareori îi este dat omului de a vedea. Neavând de nimic, aveți, de fapt, totul. Să nu credeți că palatele, hainele împodobite și avuțiile lumii mari vă vor face mai fericiți decât sunteți în acest unic prezent. Bucurați-vă de voi așa cum sunteți, de toate și de stele. Și chiar dacă nu aveți biserică aici în sat, voi sunteți biserica voastră! Să nu uitați acest lucru. Și fiți frate și soră, tată și mamă, cât timp veți trăi pe acest pământ binecuvântat. Din păcate, eu trebuie să plec, căci eu sunt al lumii rob și trebuie să-mi urmez calea pe care am ales-o. Mai mult de o îmbrățișare caldă și de o mărturisire pentru eternitate nu am ce să vă ofer. Aș vrea și eu să-mi fiți familie. Poate ne vom revedea. Rămâneți cu bine.

Cerul începea să se stingă. Tatăl și Mama se țineau, în sfârșit, strâns de mană. *Copchiii* plângeau.

$$\infty$$

Vremea Sfintelor Sărbători sosise. Pregătirile se făceau pe la fiecare casă, care cum putea. În aerul înghețat, miresmele și dorințele se rostogoleau în fulgi de zăpadă. Pământul își prindea vraja, iară sufletul începea o mică metamorfoză, nu mai conta dacă era voită sau nu.

Într-o familie de creștini era mare supărare. O jună fată, de vreo 16 primăveri, era tulburată fizic și mental, într-un chip nemaivăzut. Fusese pe la doctori, nimic. Fuseseră pe la vindecătorii de prin satele învecinate, nimic. Nu mai știau ce să facă. Disperarea îi cuprindea și se gândeau la ce-i mai rău. Fiecare încerca s-o ajute, dar nu aveau cum.

- Apoi, zise unul, de ce nu vă duceți la preot s-o vadă, mie îmi pare, mai degrabă, lucrare diavolească decât patimă omenească?

- Am fost omule, dar degeaba, după ce i-a descântat și ce-a mai făcut preotul pe acolo și mai tare au apucat-o boalele astea grozave.

- Pe la vracii care slujesc pe calea dreaptă ați încercat?

- Am fost pe la toți, de un an de zile ne tot canonim cu biata de ea, spuse mama plângând lângă patul copilei.

- Dar ce-ar fi dacă i-ați trimite vorbă Părintelui Achim, poate știe dânsul vreo...

- Cum, sări altul de colo, nici să nu aud de el, e un șarlatan care ne minte cu poveștile lui.

- Da, da, am auzit și eu că umblă după muieri și nici vinul de buturugă nu se ferește de dânsul.

- Dar, interveni o bătrână, dacă el își face treaba și cu ajutorul Domnului scapă pe fata asta...

- Dar vai, sări o nevastă, eu am auzit că are privirea de șarpe și rămâi stană de piatră și mintea o ia aiurea cât ți-o mai fi dat să trăiești.

Și se sfădeau, și se înghionteau, ba că-i așa, ba că-i pe dincolo, aproape că și uitaseră de ce au venit pe acolo.

- Liniște, tună tatăl, să-i trimiteți vorbă Părintelui să vină să-mi vadă fata și dacă mi-o face bine, jur în fața bunului nostru Dumnezeu și-n fața voastră că timp de 365 de zile îi fac pe plac cu ce-a vrea dânsul: și cu vin de butoi, și cu bucate din cele mai alese, îi aduc și muiere dacă asta e dorința lui, chiar de-ar fi sfântul sfinților sau păcătosul păcătoșilor eu la fel îl voi trata. Voi le știți pe toate, mai și scormoniți tot felul de povești de faceți din om-neom. Gata, să nu mai aud vorbă despre dânsul până nu-l voi vedea în casa mea.

O bătrână plecă să-l caute. Bănuia cam pe unde îi plăcea să poposească în zilele lui decembrie. Îl găsi departe, la un schit săpat în stâncă, unde viețuiau vreo câțiva călugări în cele sfinte și-n iertarea lumii. Stăteau împrejurul unui foc și se rugau întru-Domnul. Părintele o întâmpină cu bunătate.

- Bine ai venit aici, tu, creștină a lumii de jos, ia spune-mi, ce pot să fac pentru tine?

- Apoi, nu este despre mine Părinte, ci de-o jună de la noi din sat care s-a pierdut cu mintea și cu trupul pe căi necurate. Vino s-o vezi matale, poate îi vei afla izbăvirea. Dacă o mai ține așa, anul ce vine nu-l va mai prinde pe de-a întregul. Vino Părinte, te roagă sufletul meu, vezi de fată.

Părintele căzu pe gânduri. Într-un târziu îi spuse:

- Du-te femeie și spune-le că am să vin, că-i vorba de o viață tânără. Dacă era unul ce se trăise îl lăsam, toate au un rost pe lumea asta și nu trebuie să ne împotrivim de fiecare dată. Să postească de aici încolo, iar din ziua de Sf. Ștefan până la cumpăna dintre ani, când voi sosi și eu, să țină post negru și numai apă neîncepută de izvor e îngăduit a bea. Să fie prezenți doar cei ai casei, iară vecinii să-și caute a dormi pe la rude, că nu se știe cu ce putere ne vom lupta. S-acoperiți oglinzile, ferestrele, să fie făcută curățenie în casă, în curte, până-n și-n ieslea vacilor. Să nu fie pic de muzică, iar tot vinul pe care-l aveți să-l dați de pomană pentru sufletul fetei. Să-mi fie respectate întocmai sfaturile astea, e mai bine așa. Acu', du-te cu Domnu' femeie și veghează asupra lor.

Bătrâna plecă. Se întoarse în sat și începură pregătirile. Totul se făcea în liniște. În schimb, copila, pe zi ce trecea, era mai agitată. Părintele se pregătea și el, cum învățase în greii ani ai uceniciei. Un zâmbet nevinovat îi brăzdă fața, care se stinse repede știind cu ce are de-a face. Molitfele Sf. Vasile le știa pe dinafară căci așa îi cerea legea lui.

Fulguia ușor peste sat, casele scoteau un fum liniștit, se auzeau câteva lătrături de câine. Anii, în timpul oamenilor, se schimbau unul cu altul. Părintele deschise ușor ușa și zări fata. Era legată de mâini și de picioare, iar ochii îi erau larg deschiși.

- De ce ați legat-o?

- Iartă-ne Părinte, dar de când a auzit că vii strigă într-una că vrea să-și ia viața și oricăruia se apropie de dânsa. Ne e frică și să-i mai dăm un pahar de apă.

- Ai venit Achime, o voce ireală sună din fată, ai venit să ne luptăm iară pentru...

- Taci Legiune, de data asta te voi trimite și mai adânc în focurile Gheenei, acolo unde ți-e locul de drept.

- Achime, mi-o mănânc pe fată căci i-am luat toată puterea.

Cei ai casei tremurau de spaimă. Părintele închise ușa. Nu avea niciun obiect de ritual, nici măcar apă sfințită, ci doar o mică cruciuliță de lemn. Însă, știa ce are de făcut. Nu era prima dată și, poate, nici ultima.

„Te blestem pe tine, începătorul răutăților și al hulei...te blestem pe tine, cel aruncat din lumina cea de sus...te blestem pe tine, duh necurat, cu Dumnezeu Savaot și cu toată oastea îngerilor lui Dumnezeu Adonai, Eloi, Dumnezeu cel atotputernic; ieși și te depărtează de la roaba aceasta. Teme-te, fugi, pleacă, depărtează-te, diavole necurat și spurcat, cel de sub pământ, din adânc, înșelătorule, cel fără de chip, cel văzut pentru nerușinare...”

- Achime, Achime, lasă-mă că mă strânge și-mi place aici în lumea oamenilor.

- Nu te las spurcăciune, că tu nu respecți nici legile de jos.

„Teme-te, taci, fugi, să nu te întorci nici să nu te ascunzi cu vreo altă viclenie de duhuri necurate, ci du-te în pământ fără de apă, pustiu, nelucrat, unde nu locuiește...”

- Achime, te omor...

- Ai mai încercat de atâtea ori.

„Izgonește din sufletul ei toată neputința, tot duhul necurat de sub pământ, din foc, împuțit iubitor de aur, iubitor de argint, turbat, desfrânat, tot diavolul necurat, întunecat, fără de chip, fără de rușine."

- Achime, te iau cu mine, fata e deja luată.

Pentru cei care priveau de afară casa, curtea, chiar și satul, totul părea un spectacol uimitor, cum se vede câteodată pe la câte un bâlci. Tot felul de lumini, de sunete, de bubuituri, de vaiete, totul era sublim și grotesc în aceeași măsură. Părintele, cu o mână pe fruntea fetei, repeta Molitfele fără oprire, poate asta era taina lui. Trecu așa noaptea și ziua. Fata se liniștise. Pe seară, Părintele îi lăsă să intre.

- Aduceți-i și o farfurie de zeamă, să prindă puteri, la noapte începem iară.

Fata deschise ușor ochii și-i prinse pe părinți de mână. Aceștia plângeau. Termină cu greu supa, apoi adormi la loc. Un vânt rece începu dinspre miazănoapte. Părintele rămase singur cu fata. Întotdeauna prima noapte e cea mai grea. Molitfele se auziră iar, și iar, fără încetare.

- Achime, lasă-mă, îți dau toate bogățiile.

- Achime, te blestem pe tine și pe tot neamul tău omenesc...

Părintele nu-i mai răspundea. Doar rostea acele cuvinte care trebuiau pentru această întreprindere. A doua noapte și a doua zi trecură, pentru spectacolul omenesc, mai șterse.

- Dați-i să mănânce tot ce vrea să-și recapete forțele, mai avem o încercare de trecut.

- Am visat, șopti fata, că dansam într-o mare de foc cu un prinț îmbrăcat în aur și pietre prețioase care voia să mă ducă cu dânsul în regatul său, departe de lume și era totul atât de frumos...

- Iluzii copilă, acu' mănâncă și bea.

Noaptea cădea. Vânticelul se transformase într-un viscol nemaivăzut. Oamenii se înfricoșau. Își făcea care mai de care cruci mai mari sau mai mici. Unii spuneau că așa e vrerea Celui de Sus. Alții, că ar fi venit de la casa unde străjuia Părintele.

- Vă distrug pe toți Achime, vă iau ce-ați agonisit.

- Achime, hai să ne înțelegem...

- Achime, mă voi întoarce...

Părintele rostea fără zăbavă vorbele magice. A treia zi, se auzi o bubuitură strașnică, ferestrele camerei se sparseră. Tot ce era prin odaie fusese sfărâmat. Părintele zâmbea.

- Scoală fătucă, am izbutit de a-l alunga pe cel care nu-și are rostul aici.

Vestea se răspândi rapid. Se adună o mulțime de oameni să vadă minunea întoarcerii. Toți erau bucuroși. Fata îl îmbrățișă pe Părinte cu drag.

- Mulțumesc din inimă, Sfinția Ta, apoi în visul acela prințul era, de fapt, o arătare înfricoșătoare și bine am făcut că nu am plecat cu el, cuvintele dumitale mă trăgeau înapoi, of, sunt liberă să mă trăiesc iară!

- Mulțumesc și eu Părinte, apoi eu am făcut un jurământ în fața tuturor să te omenesc, așa cum se cuvine, un an de zile și chiar, iertată-mi fie îndrăzneala, nu știu cum să spun, înțelegi matale, cum să fac să mă dezleg și eu de jurământ?

- Oameni buni, vom face așa: vreme de trei zile adu bucatele cele mai alese, vinul cel mai de soi, adu și lăutari de vrei, să ne veselim cu toții; cât despre mine eu nu vreau nimic, sunt răsplătit în cerurile mele așa cum se cuvine. Apoi, ca să nu-ți încalci jurământul, alege mata un om care să semene cu mine și timp de un an de zile cinstește-l așa cum ai promis. Doar dacă vrea fata, timp de trei zile pe an, să se ducă la biserică, să aprindă o lumânare și să se roage pentru sufletul meu.

Muzica, în acel colț de lume, de-abia cu revărsatul zorilor s-a stins. Într-un cuib, un strigăt scurt, cerea de mâncare.

∞

Era o frumoasă duminică de primăvară. Copiii se alergau prin iarbă și flori, bătrânele se mai dezlegau de basmale, tinerii se priveau mai cu îndrăzneală. O mulțime de oameni se adunase pe un delușor, de unde-l ascultau încântați pe Părinte.

- Regatul lui Dumnezeu se află aici și acum, în inima mea și-n inima voastră, dar, mai ales, în inima acelor copii care se joacă fără nicio grijă. Așa ar trebui să fie și viața voastră, ca susurul cristalin al unui izvor care curge fără nicio teamă. Menirea acestuia este să curgă și să ajute viața să se dezvolte, așa și a voastră, să trăiți și în jurul vostru să clădiți Împărăția Binelui fără măcar să vă gândiți la acest lucru; orice dorință trebuie să fie pură și doar sufletul este cel care o poate plămădi, nu mintea noastră.

Le vorbea Părintele așa duios, de vreo trei duminici îi binecuvânta. Însă, bisericile dimprejur erau goale. Se ridicau tonuri, se făceau cercetări. Oamenii în negru veniră.

- De ce predici aici, Părinte și nu în biserică acolo unde este stabilit?

- Eu predic unde vreau și unde sunt oameni, asta e biserica mea.

- Apoi, de ce nu le citești cărțile noastre și toate cele orânduite din vremurile vechi?

- Pentru că oamenii nu le mai înțeleg, poate nu mai vor să le priceapă, vor și altceva de la noi, cei care îi slujim pe oameni în fața Domnului.

- Am stat și am ascultat vreme de trei ceasuri predica matale. Cu puține lucruri suntem de acord. Dumnezeul tău nu este Dumnezeul nostru așa cum am învățat. De nu te oprești cu predicile astea în aer liber, îți vom face înștiințare la mai marele nostru. Este o blasfemie ceea ce faci.

- Vedeți, dragi Părinți, voi doar ați învățat despre Dumnezeu, însă eu îl simt și este cu mine și prin mine tot timpul. Puteți să faceți câte înștiințări doriți eu nu mă voi opri din a face ceea ce voiesc cu adevărat. Blasfemia este o acuzație gravă, dar, vedeți domniile voastre, oamenii mă ascultă...

- Da' ce, tu ești ca Isus Domnul care ținea...

- Ca El nu sunt și nimeni nu e, doar mă inspir din lucrările Sale.

- Ai grijă, să nu sfârșești și tu așa...

- Apoi, dacă asta-i voința Domnului, facă-se, pentru mine ar fi o onoare, dar nu cred că sunt vrednic de așa ceva. Acu' duceți-vă și face-ți ce-ați vrea. Lăsați-mă pe mine în durerea mea și-n durerea lumii celei cu păcat.

Oamenii în negru plecară și mai nervoși decât veniseră. Își dădură seama că nu-l pot convinge nici cu vorba dulce, nici cu vorba rea. Întocmiră un raport detaliat, însă bine exagerat și astfel ticluit încât să atârne balanța în favoarea lor. Îl trimiseră mai-marelui lor de giudeț, Eufrasie. Era un om între două vârste, cu nas ascuțit și o privire șireată, care semăna, mai degrabă, cu un perceptor decât cu o față bisericească. Auzise de Părintele Achim de multe ori, ba chiar îi stricase câteva socoteli. Îl văzuse o singură dată și atunci de departe, când împărțea de pomană celor nevoiași. Nu știa ce să facă. Se tot gândea de ceva vreme la o chestiune, dar mai aștepta. Trimise vorbă, pe o cale tăinuită, la Sf. Sinod, dar totuși să nu afle cei care cârmuiau. Sau poate deja aflaseră despre isprăvile Părintelui cei de acolo. Câteodată, răbdarea e singura cale pe care o poți urma. Stelele luceau colțul cela de lume cu o dulceață specifică.

∞

Pe alte meleaguri, în alte timpuri, punând fiecare ce putea și cu ajutorul lui Dumnezeu, se construia, pentru prima dată într-acele case dintre ape, o bisericuță de lemn și piatră, de speranță și binecuvântare. Achim tăia, măsura, dădea indicații precise, îl prindeau și diminețile, îl prindeau și nopțile printre schele și vopseluri. Cioplea și la altar, îi făcea și pe îngeri și lumina vitraliilor îți aducea numai bucurie. Însă, canoanele nu erau întocmai respectate, poveștile Domnului aveau alt înțeles, heruvimii și serafimii parcă îți vorbeau. Lucrau cu toții de mai bine de un an de zile și mica minune era aproape gata. Într-un început de aprilie, Părintele însuși făcu târnosirea acesteia. Credincioșii erau tare fericiți că, în sfârșit, au și ei cu adevărat unde să se roage și bucuroși pentru bucata de pânză pe care o primeau la ieșire. În credința străveche, aceasta era bună pentru alungarea bolilor, farmecelor și la uneltirile celui viclean.

Frumusețea acelei bisericuțe se răspândi cu repeziciune. Veneau oameni de la mari depărtări, veneau și boieri aleși, domnițe primenite și bătrâni necăjiți. Ba chiar ziceau și cei bolnavi că unii și-au găsit vindecarea. Se ajungea mai greu, numai pe calea apelor, dar în fiecare Duminică acel loc înflorea de suflete.

Ajunse vorbă și la Sinod despre cele întâmplate. Un popă tinerel povesti.

- Am fost și eu acolo, sunt oarecum de pe acele meleaguri, au construit oamenii și un Părinte, o bisericuță, poate cea mai mică din câte mi-a fost dat să văd. Doar ei acolo, fără arhitect, fără zidari sau tâmplari, pictori sau muncitori. Cu munca lor, cu agoniseala lor, au reușit să facă această ispravă. Sfințiile Voastre, eu asemenea biserică nu am mai văzut, nu prea se potrivește cu ale noastre. Cerul ei e peste tot, altarul e doar pe jumătate și câte și mai câte.

- Și cine sfințește acolo?

- Părintele Achim.

- Cum, Achim? Păi el n-are încuviințarea noastră. Mai presus de asta a mai și târnosit-o. Apropo, ție ce impresie ți-a lăsat, să-i zicem așa, Părintele Achim?

- Apoi, Luminățiile Voastre, Părintele mi-a părut un om tare bun. Nu primea nimic de la nimeni, straiele sale erau simple. Privirea dânsului m-a fascinat, avea o forță, parcă desprinsă din altă lume. Vorba îi era dulce și era ascultată cu mare drag de mireni. Liturghia nu putea fi făcută în biserică deoarece era mult prea mică pentru tot norodul ce se aduna, ci o făcea dintr-o barcă, iar din catargul acesteia făurise un fel de cruce. Și vorbea așa pătruns de cele sfinte și...

- Gata, destul, am auzit ce trebuia. Acum du-te și vezi-ți de ale tale, iar noi trebuie să vedem cum să facem cu acesta, rosti episcopul Gherasie pe un ton gânditor. Domnul fie cu tine!

- Și cu Sfințiile Voastre, Doamne-ajută!

- Ce ne facem cu el, rosti alt membru al Sf. Consiliu?

- Nu știu ce-am face, dar, orice întreprindem trebuie să fim cu mare băgare de seamă, că dacă se răscoală norodul împotriva noastră și a Bisericii...va fi vai și amar de capul nostru. Eu cunosc și alte fapte ale dânsului, mai păcătoase de altfel, dar de, e și el om ca toți oamenii.

- Să punem pe cineva să-l urmărească?

- N-are a face. Acum Achim se duce jumătate de an într-o pădure și stă singur cuc, acum îl vezi prin târguri sau pe la curțile boierești. Măcar de ne-ar spune ce vrea de la noi.

Reuniunea din acea zi a Sf. Consiliu dură până târziu în noapte, însă fără să se ia o hotărâre concretă. Stelele scânteiau ca niște licurici neastâmpărați. Somnul alina durerile zilei pentru a nu știu câta oară.

∞

Pe o vale înaltă de munte, după ore bune de urcare pe cărări abrupte, se ajungea la o mică pajiște alpină încercuită din trei părți de o stâncă de netrecut; într-un perete, oamenii sau timpul, fiarele sau soarta, scobiseră o mică ascunzătoare în care să hiberneze sau ca sufletul să fie cu el însuși. Acolo, Achim se cuibărise în legea pe care o urma negreșit și pe care o credea cea dreaptă. Meșterise câteva luni bune și cu materialele pe care și le aducea de jos reuși să facă un loc sfânt de rugăciune și reculegere. La început nu venea nimeni, poate că era mai bine așa, nici nu se supăra, nici nu se bucura. Dar, cei care aveau tărie de picioare și căutau o mică parte a adevărului, urcau până la dânsul. Doar foarte puțini dintre ei știau cine este, nu spunea nimănui cum îl cheamă, însă toți îl știau ca Sfântul Muntelui. Gura lumii născocea tot felul de povești, care mai de care mai neadevărată, la care Părintele doar zâmbea și încuviința că este întocmai.

— Săru-mâna Sfinte, îndrăzni un băietan de vreo șaptesprezece primăveri.

— Spune, copilul meu, ce te apasă pe tine așa de devreme?

— Caut ceva, dar nu știu ce, nici ce aflu pe la școală nu prea îmi este pe plac, nici ce spun ai mei, nu știu ce să fac cu viața mea, matale ce mă sfătuiești?

- Ehei, copile, soarta ți le va așeza pe toate așa cum nici nu te gândești. Credință să ai, mai ales în puterile tale și să nu te îndoiești vreo clipă de tine. Știi cum se spune că întortocheate sunt căile Domnului, tu fă-ți calea ta să nu se asemene cu a altcuiva și să asculți de povețe doar dacă le ceri pentru tine. Steaua pe care o văd în tine te va duce departe pe calea mântuirii, tu să ai grijă de ceilalți mai mult decât ai pentru trupul tău. Du-te copile în lumea oamenilor și fii o lumină. Domnul fie cu tine!

Un alt om, venit de foarte departe, îndrăzni și el.

- Sfinția Ta, iertată-mi...

- Nici nu am de ce să te iert, nici sfânt nu sunt.

- Am străbătut cale lungă ca să-mi spun și eu oful. Multe am auzit de Sfinția Voastră, nu vreau să vă mint, și bune, și rele. Eu le păstrez doar pe cele bune, așa mi-i felul. Apoi, umblă vorba pe la noi, că odată ați făcut o biserică într-un crâng de ape și oamenii 'ceia o duceau tare bine. Păi, așa am dori, să ne ajutați și pe noi cu o bisericuță, să avem unde ne ruga de vii și de morți.

- Aș veni și aș face iară, dinspre mine nu ar fi problemă, dar am avut mare tărăboi și cu cei de la stăpânire, și cu cei de la Episcopie. Spuneau că nu am drepturi nici să predic în ceruri, nici să fiu acolo pe pământ. Au trimis un popă tinerel să slujească, însă oamenii l-au alungat și pe el, și pe toți ceilalți care au venit după dânsul. Până la urmă bisericuța stă închisă și o vor mânca apele și timpul, că dacă nu e omul care trebuie unde trebuie se alege prafu'. Aș fi venit, dar nu mai pot. Dar n-ați făcut jalbă la giudeț?

- Am făcut, încă de pe vremea lui tătâni-meu, dar tot ne

amână, ba că nu sunt galbeni, ba că e prea departe de orice târg și câte și mai câte, iară noi și mai necăjiți suntem din această pricină.

- Atât îți spun, dacă ai credința dreaptă în inima ta, te va ajuta și vei putea face tot ce vei dori. Du-te tu și pune piatra de temelie și cu ajutorul celorlalți și al Domnului se va face. Poate te voi ajuta și eu, în felul meu. Mergi cu Domnul, omule!

Achim se simțea tare bine acolo. Însă, știa mult prea bine, că la un moment dat, va trebui să se întoarcă. Deocamdată, tainele dumnezeirii se arătau pentru dânsul într-o nouă lumină. O zi era cât o carte duhovnicească, nopțile se compuneau din serafimi și tronuri, vântul îi șoptea știința antică ce trebuia înțeleasă. Se regăsea în sine, în timpul ce se pierdea, în tot ce învățase în primii ani ai preoției, iar acum, toate acestea, nu mai aveau nicio însemnătate. Dar îi prinsese bine și învățătura dobândită metodic, îi folosea aproape de fiecare dată când ajungea pe la câte o colibă de suflete. Știa pe dinafară toate Molitfele care îi trebuiau în lucrările sale. Știa mai multe decât oricare confrate al său, dar aici, în inima muntelui, toate erau niște iluzii. *Mărturisirile* pe care și le făcea îi deschideau sufletul spre o adevărată percepție a realului. Dorința de a face bine încă mai persista, știind mult prea bine ce amărât este omul în mâna crudă a destinului. Știa că asta este menirea lui și făcuse nenumărate sacrificii și încă făcea ca să-și poată îndeplini cuvântul ce și-l jurase.

Stelele, ca de fiecare dată, spuneau o altă poveste. Un șoricel mic, albastru, se strecura cu ceva grăunțe în vizuină de rouă. Vântul adia ușor.

∞

Timpurile erau cele de dinainte. În Cetatea de Scaun doi flăcăi se plimbau la ceas de seară pe străzile pietruite și, pe alocuri, luminate de câte o făclie. Amândoi aveau steaua lor și fiecăruia îi va fi fost dată o altă menire. Fără să știe, drumurile lor se vor despărți și se vor reuni în cele mai neașteptate momente. Unul era din tată-n fiu episcop și duhovnic și studia legile firii, celălalt se înscrisese la Seminar sub alt nume.

- Și dacă te vor prinde?

- Nu au cum, celui căruia-i țin eu locul n-are nimic de-a face cu cele sfinte, nu e chemarea lui, ci doar a părinților.

- Păi și cum ați făcut?

- Nu știu a cui mână a fost să facă să ne întâlnim. Era tare mâhnit că trebuia să plece de lângă fata ce tocmai o cunoscuse. Aproape că vrea să-și ia zilele pentru că știa prea bine că nu astă viață își dorea. Dinspre mine, știi prea bine dorința mea de a putea studia la Seminar. Posibilitățile mele au fost foarte reduse și nu aș fi avut nicio șansă de a intra. Așa că eu i-am luat numele fără să știe nimeni, el și-a luat fata și duși au fost. Și iată că se ivesc zorii celui de-al treilea an și nimeni nu știe nimic, în afară de tine, să nu mă trădezi frate.

- Stai liniștit, dinspre mine n-ai nicio teamă, dar nu este cu păcat pentru sufletul tău?

- Așa pare, dar la ce i-ar fi slujit omului meu să-și irosească trei ani, poate chiar și viața, dacă nu asta e chemarea lui? Ar fi fost, cu siguranță, nefericit. Și dacă nu suntem fericiți în viață, apoi de ce mai trăim? Fericirea mea este Calea Domnului și cu cât studiez mai mult cu atât mă simt mai aproape de Dânsul. Știu că pare ușor ciudat, dar cu o minciună omenească poți afla adevărul divin.

- Frate, vorbele tale sunt deja pline de înțelepciune și, de când te-am cunoscut în primul an, n-am încetat de a mă minuna de tine. Ești diferit de noi toți ceilalți și chiar dacă notele tale nu sunt cele mai bune, din cauza nenumăratelor certuri pe care le ai cu dascălii, pentru mine ai fost și vei rămâne cel mai iscusit aspirant din acest Seminar.

- Chiar și decât tine, care ai cele mai mari note și ești iubit de toți profesorii?

- La noi în familie, înainte să mă nasc, am fost încredințat Domnului. Toți ai mei au urmat această cale și știam multe lucruri dinainte să intru aici. Îmi e ușor a învăța deoarece aproape deja le știu. Să fii primul în clasă la noi încă e motiv de mândrie, cu toate că n-ar trebui.

- Păi și tu ești fericit cu viața ta și cu ce faci aici?

- Sunt și nu sunt, nici nu m-am întrebat. Dar sufletul meu nu este zbuciumat și nici nu am întrebările tale. Dintotdeauna, drumul meu a fost lin și liniștit. Și mă simt bine așa. Și știu că viața întru-Domnu' este cea pe care o voi urma. Nu-mi voi lua nevastă, Biserica va fi casa mea. În schimb, am văzut că unele domnișoare întorc capul după dumneata. Ești înalt, bine făcut, nici gras, nici slab, tare frumușel și ai o privire fermecătoare. Nu mă miră faptul că aud unele zvonuri și suspine.

- Da, recunosc, mai ies la câte o plimbare, chiar dacă nu este îngăduit. Dar tu știi prea bine că eu caut, chiar și-n aceste mici învoieli, Cuvântul Domnului. Și, din păcate, nu-l găsesc. Așa că, îmi procur câte o carte de mântuire, iar zilele și nopțile sunt pline de frumos, sau mai vizitez mănăstiri și alte lucruri dragi mie și chemării divine.

- Un singur lucru nu-l cunosc, prieten drag, de unde ai banii necesari pentru toate cele? Ai mei îmi trimit aproape lunar și arginți, și mâncare, și haine și de-abia mă ajung. În schimb, ție nu-ți trimite nimeni nimic, dar te văd bine îngrijit și cumperi cărți scumpe la care noi ceilalți doar visăm. Și nu te-am auzit plângându-te de ceva, cu toate că, aparent, ar trebui. Ia spune-mi cum faci? Poate aș încerca și eu.

- Ehei, fratele meu, dacă nu ai aflat, poate nici că trebuie să știi. Tu mergi pe drumul tău și dacă te ajută și familia e foarte bine. Calea mea nu ți s-ar potrivi. Din punctul meu de vedere, nu păcătuiesc cu nimic și nu pricinuiesc niciun rău, ba dimpotrivă. Fiecăruia dintre noi destinul îi vorbește pe altă voce. Eu de-abia încep s-o aud pe-a mea. Nici nu m-am gândit că va fi așa. Încerc să înțeleg și vrerea Domnului și păcatul lumesc.

- Nu înțeleg ce vrei să spui, ți-am zis de atâtea ori că tu ești din altă lume și vei ajunge departe pe calea credinței cele drepte. Acu', hai să mergem fiecare pe la casele noastre, că de mâine încep examenele de sfârșit de an. Și anul astă e mult mai greu ca cel trecut.

Noaptea tremura ușor. Zidul cetății ar mai fi auzit ceva povești. Achim și Nicovăț se despărțiră pentru ziua de mâine.

∞

Într-un loc bine dosit de privirile mult prea curioase și la care puteai ajunge doar dacă îți arăta cineva calea, Achim și tovarășii lui de viață din acele timpuri se petreceau în noapte, în povești, în pilde și povețe.

- Iartă-ne, Achime, noi suntem proști, îndrăzni unul dintre frați care prăjea o gâscă în focul ancestral, dar de ce trebuie să dăm și altora din ce agonisim prin munca noastră cinstită de fiecare zi și care nu e deloc lipsită de primejdii și neajunsuri?

- Păi, cinstite frate, nu trebuie să dai nimic dacă nu vrei. Dar să strângi doar pentru tine nu mi se pare firesc. Pe lumea cealaltă luăm cu noi doar sufletul care, se zice, cântărește mai puțin ca o cruciuliță de lemn. Din moși-strămoși e tradiția să dai de pomană...

- Da, dacă-ți moare cineva.

- Da, și dacă-ți moare și dacă nu-ți moare. De câte ori împărțim pe an? Și câteodată cinstești pe cineva chiar dacă îl vezi pentru prima dată. Și-l mai ajuți și pe cel bătrân sau nevoiaș. Și dacă-ți cere un copil o coajă de pită, ce, nu-i dai? Vreau să spun că fără să ne dăm seama dăm o parte din noi și din munca noastră.

- Achime, mare dreptate ai, interveni alt frate, nici nu m-am gândit în așa fel. Se pare că mai există o speranță și pentru mine. Înainte să te cunosc mai mult am păcătuit decât am făcut bine în astă lume. Când eram un țânc așteptam să vină noaptea ca să pot vedea lumea poveștilor. Visele erau frumoase, colorate, magice și mi-aș fi dorit să rămân pentru totdeauna acolo. Acum visele sunt reci, întunecate, se transformă în cele mai negre coșmaruri care-mi biciuie sufletul neîncetat. Cuvintele pe care le rostești îmi aduc nițică alinare. Dacă ți-aș urma povețele, poate aș fi alt om. Dar încă nu sunt pregătit. Nu știu de ce, pur și simplu nu pot.

- Câteodată, fratele meu, trebuie să urmezi o cale chiar dacă simți că nu este ceea ce îți dorești cu adevărat. Când nu știi ce hotărâre să iei, ascultă-ți inima. Și roagă-te în felul tău, nu ce găsești prin cărți sau cum te îndrumă alții. Lumina sufletului tău te călăuzește atât de lin și frumos spre fericirea divină încât îți este absolut imposibil să-i dai crezare. Doar încearcă să-ți deschizi sufletul chemării unice și vei trăi o experiență atotcuprinzătoare. Eu nu vreau să impun nimănui credința mea. Fiecare trebuie să-și construiască propria chemare cu mijloacele pe care le consideră necesare.

Un frate, care nu intervenise până atunci, grăi pe un ton aspru.

- Eu urăsc cel mai mult pe lumea asta tot ce se leagă de credință, biserică, icoane, posturi, cruci și toate celelalte. Știu și de ce și am să vă spun și vouă. Provin dintr-o familie atât de evlavioasă încât totul în casă și-n afara acesteia se învârtea în liturghii, pomeni și rugăciuni. Mama, bunica, cele două surori, nenumăratele mătuși și cumetre erau îmbrăcate numai în negru, vorbeau numai în șoaptă și dacă nu ascultam și nu citeam ore în șir din cărțile sfinte mă pedepseau aspru. Nu mă lăsau să mă joc cu ceilalți băieți de seama mea. *Ora et labora* era legea noastră. De dimineață până seara munceam pământul nostru și al altora, iar sâmbetele și duminicile închiși în casă sau pe la biserici, pomeni, priveghiuri. Și așa s-a dus copilăria, despre care se spune că este cea mai frumoasă. Apoi, când am mai crescut îmi găsiseră o fată, bineînțeles foarte credincioasă și cuminte, gospodină. Dinspre mine, numai de însurătoare nu-mi ardea. Voiam să cunosc viața adevărată, voiam să văd lumea, să simt mirosul mării, poate să ajung pe o insulă depărtată, să dorm sub stele, să cunosc altfel de fete, să simt că trăiesc. Am încercat să le explic de nenumărate ori dorințele și aspirațiile mele, dar nici nu mă auzeau, nici nu doreau să înțeleagă. În opinia lor, Necuratul îmi dădea astfel de gânduri impure și primejdioase. Stabiliră data nunții, făceau toate pregătirile, noaptea mă închideau sub lacăt, iar ziua nenumărați ochi vegheau asupra mea. Am reușit să fug chiar în ziua nunții și dus am fost. M-a ajutat un fel de unchi, care știa prea bine ce m-ar fi așteptat căci viața lui a trăit-o numai în posturi și-n remușcări. Și bine am făcut. Viața mea a fost atât de aventuroasă, cu bune și cu rele, încât nu regret absolut nimic. Achime, când te-am auzit prima dată cu „Eu sunt Calea, Adevărul și Viața" am vrut să-ți trag o mamă de bătaie soră cu moartea, să mă ții minte în vecii vecilor. Credeam că am dat peste același soi de popă cu minte îngustă, îndoctrinat de tot felul de povești, cu o experiență de viață extrem de limitată, lacom după avuții și mâncăruri alese. Dar nu, tu ești de altă viță. Credința ta, a libertății divine și simplității firești, încep să o îmbrățișez cu o căldură de care nu mă mai credeam în stare. Dar, ia spune-mi, cum ai pășit pe această cale?

- Frate drag mie, vorbele tale mi-au pricinuit o mare durere, gândindu-mă la așa chinuitoare copilărie. Acum înțeleg și mai bine de ce doar câteodată te alături nouă la ceas de seară. Credința prost înțeleasă de om este mult mai dăunătoare decât a aceluia care nu crede în nimic. Am văzut și trăit de-a lungul vieții nenumărate exemple care au generat drame și nenorociri. În numele Domnului, din păcate, au fost și vor mai fi mulți ani de acum încolo fărădelegi care nu au nimic de-a face cu sfânta credință. Este o scuză foarte la îndemână pentru a ne liniști sufletul, pentru a ne putea privi în oglindă și să spunem că totul este perfect. *Vanae gloriae mundi.* Și ca să-ți răspund cum se cuvine la întrebare trebuie să știi că nu mi-a fost impusă în niciun fel, ba dimpotrivă. Din fragedă copilărie am fost atras de biserică și de cărțile sfinte, de slujbe. Poate că ar fi trebuit să ne fi născut unul în locul altuia, dar, toate au un rost pe lumea asta, pe care îl deslușim mai greu sau nu-l deslușim deloc. Eu eram pedepsit dacă mă duceam la biserică sau citeam vreo carte, de rugăciune nici nu mai vorbesc. Și cum ai fost statornic în hotărârea ta, așa am fost și eu cu hotărârea mea. Și tare mă bucur de astă cale. Chiar dacă în ochii unora și altora nu sunt pe calea cea dreaptă, eu încep să-mi înțeleg menirea și bucuria îndeplinirii acestei hotărâri îmi farmecă fiecare ceas al existenței. Aș spune că execut această misiune, folosind o expresie nouă, cu metode alternative. Lumea se schimbă și noi odată cu ea, dar nu chiar în același timp și mod. Lucrările pe care le-am întreprins și pe care le voi duce la capăt cu voia Domnului, sper să fie înțelese dintr-o perspectivă generală.Luate despicat, ele par să pricinuiască rău, să fie contrar credinței sau să nu facă binele promis. Dar...

- Of, Achime, te-am mai asculta o mie de ani pentru că tare frumos mai grăiești, dar nu ți-e și matale milă de astă biată gâscă ce stă să se ardă și de acel tulburel ce sclipește ca Luceafărul de dimineață? Dezleagă și binecuvântează bucatele, burțile goale și înfometate și, poate, muzica ce stă să se audă dintr-o lăută.

Părintele zâmbi cald. Într-acel colț de lume, într-acele timpuri viața avea o dulceață desăvârșită. Acea fraternitate ad-hoc, fără reguli impuse de sus, își trăia bucuria coexistenței în fiecare ceas. Muzica se auzi până-n zori, printre jocuri și voie bună. Asta era menirea lor acolo și atunci. Ziua de mâine aducea o nouă minune. O geană de lumină se năștea.

∞

Într-acea zi de duminică o mulțime de oameni veni să-l asculte pe Părinte. Cale de șapte sate toate bisericile erau goale. Erau adunați la margine de pădure, fiecare aducând ce putea, ba de mâncat, ba de băut, ori de dăruit, ori de primit. Primele ceasuri ale dimineții trecură foarte repede. Minunea vie se crea pe ea însăși dintr-un impuls venit din adâncul sufletului. Achim era mereu în mijlocul oamenilor. Încerca să-i facă să vadă că mai există și o altă abordare în afara celei stabilite sau a necredinței. Ascunși prin mulțime erau și alții care nu vedeau toate aceste cu ochi buni. Trecuse bine de amiază și Părintele încă glăsuia.

- Știu că pare greu de crezut, dar chiar și Biblia, Cartea Cărților, este alcătuită de mână omenească. Eu nu spun că este greșită sau incompletă, dar este gândită de om și pentru om. Ea nu poate fi înțeleasă nici de cei mai iscusiți cărturari, darămite de popor. Cei care i-au stabilit conținutul nu zic că nu erau de bună credință, dar judecata lor era una mult prea umană. Din manuscrisele care nu sunt acceptate din varii motive s-ar putea alcătui o altă Carte, deci, o altă credință. Din păcate, credem că am înțeles divinitatea, dar nici nu ne putem închipui cât de departe suntem. Nimeni, de fapt, nu înțelege absolut nimic, ci doar avem iluzia că deslușim ceva. Toate convingerile noastre sunt atât de pământești, atât de reduse la propriile noastre experiențe încât ne este imposibil de a vedea adevărata noastră menire. Spațiul nostru mintal finit nu poate răstălmăci infinitul, nici măcar ca idee.

- Știu prea bine că vorbele nu-mi sunt înțelese, uneori sunt răstălmăcite în fel și chip, alteori sunt luate în batjocură, de cele mai multe ori uitate, dar, câteodată, ele găsesc o portiță pentru a intra acolo unde sălășluiește sufletul. Și stau acolo mult și bine, până când, într-o zi, încep să germineze în gânduri profunde și trăiri intense. Apoi, întreaga ființă se transformă și începe să audă propria voce interioară. Dar nu de pe azi pe mâine, ci pe durata unei vieți sau a mai multora. Sufletul coboară prin materie pentru a căpăta cunoștințele necesare fără de care nu ar putea înțelege emanațiile divine care vin spre dânsul. Știu că aceste descrieri le auziți pentru prima dată și nici nu le dați crezare, poate e mai bine așa. Dar, când aveți un moment de tihnă, amintiți-vă de această zi și de aceste vorbe. Acum beți, mâncați și vă bucurați deoarece și cele mai sfinte credințe pe stomacul gol nu au nicio însemnătate.

Seara stătea să cadă. Copiii se strângeau pe lângă bunici și mame. Bărbații dădeau să înceapă pregătirile de plecare.

- S-a făcut târziu, oameni dragi, trebuie să ajungeți pe la casele voastre. Doar o vorbă să vă mai zic, e un fel de poveste care prinde bine pe drumul de întoarcere: Maestrul Timpului dormea o existență necunoscută oamenilor. Când s-a trezit din somnul său infinit atunci și-n primul om a apărut impulsul de a cunoaște. Zâna Naturii dărui și ea, tot pentru prima dată, căldura necesară. Spirala dintre cer și pământ atingea maxima ei desfășurare, printr-o superbă voință, pentru prima dată. Când aceste unice motivații divine s-au suprapus, vălul pânzei s-a dat la o parte. Lumea Nouă s-a văzut pe sine. Și a fost extrem de mirată, dar tare mulțumită. Apoi, Fluturii de Viață s-au ivit din penumbrele ahrimanice într-un orizont vizibil. Densitatea materiei era o binecuvântare ce nu se văzuse până atunci. Iubirea începea o creație ce se asemuia cu focul unei stele. Maestrul Timpului putea să adoarmă din nou infinitul, deoarece visurile deja se oglindeau în alte conștiințe. Fericirea era piatra de temelie a acestui nou univers. Din ea și prin ea se nășteau toate cele. Noapte bună, copii!

∞

Pe holuri și-n Sala Mare era o agitație care rar de tot putea fi văzută. Zvonurile și poveștile, în special pentru cei tineri, se transformau în legende și mistificări. Fiecare șușotea cu cineva, fiecare se gândea la o soluție, alții la măsurile care trebuiau luate urgent. Adunarea va avea loc pe seară și nu doar membrii să fie prezenți, ci toți cei care își doreau să vină și, poate așa, vor găsi soluția cea mai bună.

Timpul trecu pe nesimțite. Un subdiacon luă primul cuvântul.

- Sfințiile Voastre, iertată-mi fie îndrăzneala, cu toții știm de ce suntem aici, chiar dacă ne ferim să o spunem. Este vorba, printre altele, despre slujbele Părintelui Achim pe care le săvârșește în aer liber și nu în biserică după datinile noastre.

- Ehei, rosti un egumen, mare mi-a fost mirarea în aceste două zile de când am poposit pe aici. Achim pare, după spusele voastre, un fel de om rău care vrea să denigreze Biserica cu orice chip. Pe la mănăstirea mea, frații și oamenii care vin au cu totul o altă părere. Pentru ei este un fel de sfânt care face numai bine.

- Încă nu le știi pe toate cele, Sfinția Ta, grăi un membru

al Consiliului. Îi urmărim faptele de ceva timp și nu sunt deloc îmbucurătoare, chiar dacă ele par, aparent, nevinovate.

- Eu am asistat la o slujbă de-a dânsului, îndrăzni un citeț, și starea sufletească pe care mi-a pricinuit-o nu am simțit-o nicicând. Vorbea atât de adânc despre iubire, toate îi veneau din inimă, nu avea nicio carte cu dânsul. A doua zi, preț de câteva ceasuri, am stat de vorbă despre oameni și Dumnezeu, despre iubire și ură, despre dragoste și păcat. După acea discuție am fost alt om și în fiecare zi sunt mai aproape de ceea ce caut.

- Dar când îndeamnă norodul să nu mai vină la biserică, tot un sfânt este și atunci? Ce vrei tu, să punem lacătul pe biserici, să ne întoarcem printre mireni, să trudim cu ziua pe la unu' și pe la altu'?

Urmară ceasuri întregi de sfadă și cuvinte păcătoase spuse la mânie. Gherasie, care era conducătorul Sf. Sinod, după o lungă tuse, luă cuvântul.

- Liniște, vă rog, de-abia rosti. Se pare că Domnul mă cheamă la Dânsul mult mai repede decât m-aș fi așteptat. Cu tusea asta și cu durerile pe care le am voi pleca de aici cât de curând, dar nu se cuvine să las lucrurile neterminate. Trebuie și vom găsi o soluție cu privire la Părintele Achim. V-am ascultat ceasuri întregi pe toți fără să zic nimic. În felul său, fiecare are dreptate și nimeni nu poate schimba asta. Aproape toți cei tineri îi țin partea pentru că simt în el un fel de lumină. Cei mai bătrâni sunt împotriva lui deoarece simt în el o amenințare. Ceilalți nu știu ce să creadă, dacă zvonurile și informațiile pe care le avem sunt întemeiate. Unii vor să fie blagoslovit, alții să fie pedepsit.

O altă repriză de tuse îl năpădi. În Sală era o tăcere de mormânt.

- Să rămână doar cei șapte membri ai Consiliului și împreună vom găsi calea ce trebuie urmată. Și până nu găsim răspunsul, chiar dacă vor trece trei zile și trei nopți, nu ne vom ridica de la această masă. Aveți cuvântul, să spună fiecare ce gândește.

- Păi, pentru mine, este simplu rosti Arhidiaconul Vasilian. Punem cap la cap toate dovezile pe care le avem, luăm mărturii și de la oameni, trimitem unde trebuie și cui trebuie și nu mai vede Achim lumina zilei ani buni; cât ai bate din palme, toate revin cum erau înainte.

- Da, interveni și Ivan Arnăutu, mai ales că unele zvonuri ar spune că Achim ar fi fost implicat și-n prădarea boierului Voicu și-n celebrul Jaf de la Catedrală. Că nu o fi fost el însuși autorul, asta-i altă poveste. Dar nu mi se pare normal ca o față bisericească să fie implicată în astfel de fapte. Să înfunde ocna și așa Biserica va avea parte de liniște.

- Hai că-i bună, interveni Arhimandritul Ciprian, mi l-ați făcut bandit, îl băgați la beci și gata, s-a isprăvit cu dânsul. Și dacă trimiteți jalbă la stăpânire că predică în aer liber, oare ăsta e motiv să mi-l lege? Eu nu-l cunosc personal, dar de la alți stareți am auzit numai fapte de ispravă.

Protopopul Gheraldin mărturisi.

- Problema aici nu stă în faptul că nu a făcut sau că nu face fapte bune. Cu ochii mei l-am văzut cum îngrijea pe cei bolnavi, cum împărțea și straiele de pe dânsul pentru cei sărmani și toate cele pe care ne învață legea noastră. Problema e că întoarce oamenii de la Sfânta Biserică și-i trimite pe niște drumuri noi, necunoscute. Tot ce noi adunăm, el risipește. Eu propun să vorbim cu dânsul, să vedem ce zice, să-l convingem să predice sub întocmirile noastre. Și așa toată lumea are de câștigat. Cu pacea și blândețea necesară le vom aranja pe toate.

- Apoi, eu zic că nu mai e timp de pierdut. Achim a aprins acu' ceva timp o lumină care acum este o flacără și peste câțiva ani se va transforma într-o vâlvătaie care ne va arde pe toți. Din păcate va trebui să-l sacrificăm pentru binele nostru și, poate, pentru al lui. Iconomul Ioanid Damianul continuă. Am participat personal la unele predici d-ale dânsului și, sincer vorbind, sunt de o frumusețe de neînchipuit. Este un om erudit, cu siguranță ne întrece pe noi toți, dar interpretează Cuvântul Domnului într-un fel care nu se potrivește cu credința noastră. *Realitatea este că omul, dacă nu crede cum credem noi, este un om pierdut.* Așadar, să se facă voia Domnului cât mai repede cu putință.

- Se presupune că aici este un loc plin de înțelepciune unde lucrarea Domnului trebuie făcută *numai* pentru a-i ajuta pe semenii noștri, rosti Arhimandritul pe un ton destul de apăsat. Se pare că suntem la un fel de judecată și scopul nostru este să-l răstignim pe Achim pe crucea celor mai blestemate păcate. Dacă ați ști cât ne-a ajutat mănăstirile Achim de-a lungul timpului, v-ar întrece toate crucile pe care le-ați făcut de-a lungul vieții.

- Dar să vină cineva tam-nesam să strice orânduiala care este din moși-strămoși? Biserica are și alte probleme de rezolvat nu numai, iertată-mi fie vorba, să stea după curu' lui Achim. Ce i-am făcut noi dânsului ca el să ne facă răul ăsta? Auzi, să zică despre credința noastră că este o altfel de poveste, că Mântuitorul nu s-a născut de Crăciun și nici nu a înviat de Paște, că Judecata de Apoi este un fel de purificare care pregătește sufletul pentru o nouă reîncarnare. Să nu mai așteptăm dară, căci cine știe ce mai născocește.

Ceasurile continuară să curgă în aceeași notă. Aproape că se luase hotărârea să fie trimisă jalbă la stăpânire. Calm, cu o vorbă directă Episcopul Nicovăț luă cuvântul pentru prima dată.

- Înalt Prea Sfinţiile Voastre, v-am ascultat ceasuri întregi fără să zic nimic. M-am întristat și m-am bucurat deopotrivă. Și eu l-am cunoscut pe Achim demult, dar asta nu are nicio importanță acum. Vrem să acuzăm un om, un Părinte de fel și fel de fărădelegi bazându-ne pe tot felul de zvonuri, ba ce a zis unul, ba ce zice altul. Oare ce știm noi despre dânsul? După spusele voastre ba e sfânt, ba e tâlhar. Oare nu ar trebui să încercăm să aflăm cine este, unde s-a născut, ce studii are, care sunt durerile și aspiraţiile sale? Povaţa mea este să aflăm viaţa Părintelui Achim. Și apoi, punând cap la cap toate cele, să luăm decizia corectă, *căci altfel nu se poate.*

Liniștea se așternu instantaneu. Toţi căzură pe gânduri. Într-un târziu, Gherasie, Capul Bisericii, rosti.

- Nicovăţ bine ne sfătui, așadar să facem cercetare întâi. Chiar dacă va trece ceva timp, poate eu nici nu voi mai fi până se va finaliza, e cel mai înţelept din partea noastră. Așa aflăm și cine este, și ce vrea de la noi și dacă este de partea Bisericii sau împotriva ei, să vedem, cum se zice, ce hram poartă. Apoi, cunoaștem pe cineva destoinic să facă această întreprindere?

- Altcineva mai potrivit ca Eufrasie nu se găsește. Are și duhul blândeţii, are și focul Gheenei deasupra. Coase și descoase, știe să înţeleagă când trebuie și să uite când e cazul. Cu toţii știm de câte ori a ajutat Biserica în treburile cele mai întortocheate și, să zic așa, mai delicate, zâmbi cu subînţeles Ivan Arnăutu.

- Deci, așa facem, trimiteţi-i vorbă lui Eufrasie și cu asta am isprăvit. Voi avea eu cu el o întrevedere între patru ochi să vedem ce și cum. Acu' haideți cu toții spre odihnă că mi-a amorțit și sufletul de atâta dezbatere. Pacea fie cu voi!

- Și cu Sfinția Ta!

Eufrasie sosi numaidecât. Bănuia cam despre ce este vorba și nu-i displăcea deloc această misiune sfântă.

- Bine ai venit, frate Eufrasie. Ești un om tare de nădejde, de câte ori Biserica are nevoie de tine nu pregeți o clipă în a ne ajuta. Cunoști pe Achim?

- Mai mult faptele sale și mai mult din auzite. L-am zărit o singură dată, din depărtare.

- Trebuie să aflăm mai multe despre dânsul. De fapt, trebuie să aflăm tot. Uite ce îți propun: îți iei câțiva oameni de nădejde și pleci pe urmele lui. Vreau să afli absolut tot și laptele care l-a supt de la țâță ce gust avea, și când a început să facă primii pași, când a citit prima carte și ce carte era, tot, Eufrasie, tot. Numai așa vom putea înțelege atitudinea lui față de Biserica noastră. Pot să mă bazez pe tine în astă lucrare?

- N-ai grijă Sfinția Ta, știu și ce oameni să iau și îmi dă ghes și inima. Nu mă las până nu aflu cel mai mic detaliu, cea mai neînsemnată ispravă, până și visele sale le voi afla.

- Așa să faci frate, știam că ești om de treabă. Întreabă, iscodește, sapă, caută și cu vorba dulce și cu iadul veșnic. Cinstește-l și cu un pahar, două de vin pe cel care-l întrebi, așa limba spune mai multe. Promite și raiul celui care este încă nehotărât. Cei care nu se dezleagă la vorbă pomenește-le de legiunile drăcești care stau mereu la pândă. Omul se sperie ușor de ceea ce nu cunoaște. Și dacă nu și nu, ia aicea de la mine pungile astea de galbeni. Știu prea bine că nu se cade, dar după lungii ani de cârmuire, mi-am dat seama, cu mare durere în suflet, că numai așa poți să pui lucrurile în mișcare. Și dacă mai trebuie, îți mai trimit, dar numai să isprăvești lucrarea. Și să rămână afacerea asta între noi, ca să nu iasă gâlceavă, chiar și aici.

- *N-ai tu treabă*, Sfinția Ta, știu și când să tac și când să vorbesc, și când să mă închin, și când să drăcuiesc.

- Așa, frate, așa să faci. Când eram tânăr, posteam luni întregi cu pâine și apă să fiu mai aproape de Domnul. Și aveam o pereche de straie negre și nicio grijă, respectam în toate cele Cuvântul. Acum trebuie să mă îmbrac numai în straie scumpe și să mă ocup de treburi care aduc păcat. Cu sănătatea sunt în pioneze, de-abia o duc de pe azi pe mâine. Dar lasă-mă pe mine și acum du-te și fă treabă bună. Întocmește raport detaliat, așa cum ne-am înțeles. Și numai când e totul gata să vii aici și să ne povestești ce și cum. Dacă ai trebuință de ceva, dă de știre și până nu isprăvești să nu sufli o vorbuliță.

- Am plecat, Sfinția Ta, sănătate și să ne vedem cu bine!

- Domnul fie cu tine! Și ne vom mai vedea dacă asta e vrerea Celui de Sus.

Brigada pentru cercetare fusese întocmită degrabă. Eufrasie și ai lui plecară în timp și-n uitare. Liniștea se așternu peste toate cele.

$$\infty$$

Prin unele târguri frica punea stăpânire peste oameni și fiare. Lacătele mari și grele se vedeau la tot pasul cu mult înainte de căderea serii. Se auzeau tot felul de povești îngrozitoare, unii oameni dispărură fără urmă. Aproape în fiecare dimineață se găseau dobitoace moarte la care nu se vedea nicio rană. Ceva nu era curat, asemenea întâmplări nu se mai văzuseră niciodată prin partea locului. Oamenii speriați găsiră de cuviință să se ducă la biserică să-și spună păsul. Dar chiar și-n acele lăcașe sfinte plutea groaza: vitralii sparte, cărțile de rugăciuni sfâșiate, altarele erau la pământ, se găseau pete de sânge pe icoane. Alte povești se auzeau în fiecare zi, care de care mai înspăimântătoare. Nimeni nu știa ce să facă, cu toții se temeau. Slujbe pentru curățire și alungarea răului fură făcute în toate bisericile, dar parcă și mai mult se înțețeau blestemățiile. Veniră la fața locului toți exorciștii Bisericii și-și începură lucrarea. Vreme de trei zile nu se mai întâmplă nimic rău. Dar apoi, grozăviile erau ceva de nedescris. Oamenilor le era frică să mai iasă din case, dobitoacele cădeau ca paiele. Exorciștii se sfătuiră.

- Oare ce să mai facem ca să îndreptăm această necurățenie?

- Noi am respectat ca la carte tot ce-am învățat și degeaba, am folosit ritualurile din moși-strămoși.

- Aicea e treabă mai presus de puterile noastre, rosti capul acestora și chiar dacă nu vrem trebuie să-i trimitem vorbă lui Achim pentru că doar dânsul are puterea de a lecui lumea de această molimă.

- Da, dar...

- Niciun dar, știu că sunteți împotriva lui, dar în această situație gravă nu mai e loc de sentimente personale.

Auzise și Achim de cele ce se întâmplau. Cu mult înainte să fie chemat își făcea pregătirile în legea lui și chemă la lucrare oameni de nădejde.

- M-ați chemat acuma, când arde *cămeșa* pe voi, iar înainte mă alungați ca pe un câine, dar am venit pentru norod, nu pentru voi.

- Iartă-ne, Achime, știu că te-am prigonit pe nedrept, dar acum ajută-ne, vezi și tu ce se întâmplă.

- Să vă ierte Cel de Sus dacă vrea, acum fie, haideți să ne apucăm de treabă. Am adus cu mine pe acești oameni care nu se sperie ușor de una și de alta, chiar de lucrurile care nu sunt de pe astă lume. Și voi trebuie să faceți exact ce vă spun și să fiți cât se poate de tari în ceea ce veți vedea. În primul rând avem nevoie de șapte fecioare și de șapte feciori îmbrăcați în alb și doar o cruce de lemn să poarte cu dânșii. Oamenii mei vor veghea asupra acestora, sunt singurii care pot să o facă. Voi vă alegeți fiecare câte o biserică și la orele douăsprezece noaptea începeți a ceti Molitfele Sf. Vasile fără încetare. Un om de-al meu va sta cu voi deoarece puterea cu care ne luptăm întrece orice închipuire. N-aveți teamă, eu însumi am să fac cele de trebuință ca sorții să fie de partea noastră. Dar, de data asta, chiar și pentru mine, e ceva ce nu am mai văzut. Acu', haideți să ne pregătim și de azi în trei zile, fix la miezul nopții începem.

Fiecare știa ce avea de făcut, fiecare își cunoștea locul, dar, chiar și așa, o neliniște se resimțea. Clopotele începură să bată de miezul nopții. Lucrarea sfântă începea. Exorciștii, păziți fiecare de câte un om de nădejde, începură a ceti. Cei șapte feciori făcură un cerc larg în jurul celor șapte fecioare care făcură un cerc mai mic în jurul lui Achim. Condiția era ca aceștia să se țină de mână și să nu rupă cercul orice ar vedea și auzi. Cu toții erau păziți strașnic de șapte oameni înarmați până-n dinți și care nu aveau frică de nimic. Cercul fecioarelor se rotea către răsărit, al feciorilor către apus. Toți îngânau o melodie veche, un fel de incantație. Se făcea astfel toată noaptea, până la răsărit. Achim în mijlocul tuturor, parcă într-o vrajă de lumină, cu tot felul de simboluri și obiecte, se ostenea în a-și îndeplini lucrarea. Primele două nopți trecură cu bine.

- Fraților, cu a treia noapte începe greul, dar faceți ca până acum, n-aveți teamă. Să aveți grijă de cele șapte focuri să ardă fără încetare. Și de acești tineri care s-au înhămat la așa mare ispravă. Acum *hodiniți-vă* că la noapte ne așteaptă mare încercare.

O furtună nemaivăzută începu, ca din senin, cu puțin timp înainte de miezul nopții. Tunetele erau ca lovituri de tun, fulgerele năprasnice brăzdau cerul negru. Țipete și urlete se auzeau fără încetare și nu erau de glas omenesc sau fiară cunoscută. Prin aer se vedeau forme ciudate care încercau să ajungă la Părinte. Acesta, calm, poate mult prea calm, își continua fără încetare lucrarea. Înfășurat ca într-o pelerină de lumină, parcă picta un tablou, iar mișcările sale erau atât de line și precise. Cercurile fuseseră încercate de nenumărate ori, dar tinerii își duceau cu bine misiunea, cu ajutorul incantației erau într-un fel de transă. Focurile fuseseră cât pe ce să fie stinse, dar vlăjganii vegheau cu strășnicie. În sfârșit, prima rază de soare își făcu apariția. Totul se potoli ca prin farmec. Tinerii căzură la pământ epuizați. Chiar și Achim și oamenii lui de-abia se țineau pe picioare. În biserici, jale. După câteva ceasuri, Achim începu să vadă ce și cum.

- Ce să vezi Părinte, în primele două nopți a fost bine. Dar noaptea trecută a fost prăpăd. Exorcistul pe care mi l-ai dat în grijă citea fără încetare Molitfele. La un moment dat a început să urle ca lupu' și să rupă cărțile și hainele pe de dânsul. Își îndesa în gură tot ce apuca și mi-a fost teamă să nu pățească ceva, așa că l-am legat de o bancă zdravănă. Și numai eu știu ce am mai pătimit cu dânsu'. Acum zace pe iarbă și aiurează, îndrugă verzi și uscate.

- Pe ăsta l-am pierdut pentru lucrare. Să aibă cineva grijă de el. Știi să citești?

- Apoi, mai mă poticnesc, mai mă gândesc oleacă, da'pân' la urmă mă descurc.

- La noapte citești tu Molitfele.

- Da', iartă-mă Părinte, n-am pregătirea necesară pentru...

- N-are a face, o inimă curată și curajoasă întrece cu mult orice învățătură. Și îți mai zice și Vasile pe deasupra. Ăsta-i semn bun. Așa facem, orice ar fi să nu te temi. Știu că mă pot bizui pe tine.

În a doua biserică, aceeași poveste. Doar că aici Exorcistul a încercat să-l muște pe omul său. Acesta, fără să stea prea mult pe gânduri, i-a aplicat o metodă strămoșească care niciodată nu dă greș: un pumn în moalele capului și somnul căpătat instantaneu era între cel al unui bebeluș și cel de veci.

- Și pe astă l-am pierdut, știi să citești, viteazule?

- Da' cum să nu, singur am învățat. La școală n-am fost niciodată că nu erau nici posibilități, nici voință. Îmi plăcea așa, toamna, să stau între rândurile de vie, să mănânc toată ziua struguri și buchiseam câte o carte șterpelită. Mai târziu, când am mai crescut și ajungeam în câte un târg schimbam bucate pentru cărți.

- Foarte bine, la noapte îi ții tu locul, spuse Achim arătând spre adormit. Te înhami la jug?

- Da, Părinte, n-am nicio teamă. În loc de cruci și de tot felul de iconițe am ghioaga asta cu mine care m-a ajutat de fiecare dată când am avut nevoie.

- Mai bine așa, hai, să faci treabă bună.

La a treia biserică nici nu mai cercetă. Doar trimise pe un om al său, căruia îi spuse ce și cum. Nopțile următoare trecură fără întâmplări deosebite. Lumea se mai liniștise. Însă, în cea de-a șasea zi, Părintele Achim îi adună pe toți. Părea îngrijorat, ce rareori se vedea la dânsul. Și parcă mai îmbătrânise ceva.

- Fraților, v-am adunat pe toți aici pentru că la noapte mare încercare ne așteaptă. Este cea de-a șaptea noapte și vă spun, de pe acum, cea mai grea, cu mult peste închipuirile voastre. Din ceea ce am văzut eu până acum, din ce mai știu, din legende și povești, avem de-a face cu ceva extraordinar. O dată la câteva sute sau chiar mii de ani o parte din lumea cealaltă încearcă să intre în lumea noastră. Nu știu cum, dar este un fel de poartă care se întredeschide cumva. Și noi avem această misiune sfântă, să apărăm, chiar și cu prețul vieții, această intrare. Că dacă nu, lumea pe care o știm noi astăzi nu va mai fi la fel. Această putreziciune va intra și va pustii totul în cale. Nu vreau să vă sperii, dar vreau să înțelegeți foarte bine pentru ce suntem aici. Din câte știu, se dă o bătălie și în ceruri pe care noi nu o înțelegem, dar ce aparține pământului, noi și doar noi, trebuie să luptăm. Așa e legea și așa vom face. Acum beți, mâncați, vă hodiniți și fiți pregătiți. Și s-aveți credință în voi înșivă și-n bunul Dumnezeu.

Ziua fusese lungă. Seara se apropia cu oarecare teamă. Achim își verifica obiectele sale pentru a nu știu câta oară. De această dată, orice mică greșeală, putea fi fatală. Responsabilitatea pe care o simțea era imensă, dar era și o ocazie minunată în a-și arăta sieși că toți anii petrecuți în studii și sacrificii enorme nu fuseseră în van. În fine, mai lipsea un ceas și bătălia va începe. Dădu ultimele indicații, verifică toate cele. Miezul nopții se apropie pe nesimțite. Nu era nici măcar o boare de vânt, stelele sclipeau nevinovate, focurile trosneau existențele. Cercurile începură să se miște. Muzica avea ceva ireal de frumos în acea noapte. Cântau cu o putere pe care n-o înțelegeau ei înșiși. Primele două ceasuri trecură în acest fel. Însă, când se intră întra-l treilea totul se schimbă. Urgia începu. Clopotele începură toate să bată în mod ciudat, ființele nevăzute își făcură apariția în număr așa mare încât toată lumea se sperie.

- Nu vă dați drumul la mâini, cercurile trebuie să rămână intacte, aruncați lemne în focuri, nu trebuie stinse în niciun chip. De data asta, Părintele Achim era numai lumină. Ritualul său funcționa cu o precizie uimitoare. Bătălia era crâncenă. Pământul se cutremura, două fecioare leșinară.

- Lăsați-le, își vor reveni mâine, strângeți cercul.

Un alt fecior căzu și el, un foc se stinse. Era o hărmălaie de nedescris. Achim nu se mai putea face înțeles. Mai lipsea foarte puțin. Mai rămăseseră trei feciori, trei fecioare și trei focuri. Achim încă mai avea putere. Deodată, o bubuitură grozavă se auzi. Ceva cât se poate de grotesc își făcu apariția. Forța pe care această creatură o exercita îi doborî pe toți. Focurile se stinseră.

- Nu te las să treci, spurcăciune, du-te înapoi unde ți-e locul, în iadul veșnic.

- Achime, Achime pe tine te mai am.

Încleștarea acestora era teribilă. Pe de o parte această forță teribilă ca în spatele unui văl foarte subțire împreună cu miile de neființe care încercau să-l rupă, iar de partea cealaltă Achim singur cu pentagrame, inele și alte obiecte neînțelese. Cu greu rezista, norul negru aproape îl înghiți. În mijlocul acestuia se vedea un strop de lumină care încă se încăpățâna. Părea că totul se sfârșise. Dar, chiar atunci, prima rază de lumină se ivi. Un urlet grozav cutremură universul. Totul dispăru ca prin farmec. Achim, în țărână, plângea. Încercarea fusese trecută. Tinerii începeau să se miște, focurile fumegau ușor. Încet-încet se adunau care mai de care. Norodul se trezea și el la viață. Totul începea să fie ca mai înainte. O copilă în straie colorate, care habar n-avea ce se întâmplase, alerga veselă și desculță aerul dimineții.

∞

Timpul continua să petreacă în acel colț de lume. Viața, cu bune și cu rele, își urma cursul firesc, fără prea multe întrebări. Gherasie, printre ultimele puteri, recitea scrisoarea pe care o primise în mare taină de la Eufrasie.

„Sfinția Ta, în primul rând vă doresc multă sănătate și să ne revedem voioși când termin această misiune. Am aflat despre Părinte multe lucruri, nu mi-aș fi închipuit vreodată asemenea fapte. Dar, mai sunt chestiuni de pus cap la cap, de-abia avem câteva frânturi de viață, lipsesc părți întregi, limbile rămân legate. Cu mirenii nu prea ai multă bătaie de cap, îți spun totul de-a fir-a-păr numai când îi întrebăm și le amintim de focurile iadului. Galbenii s-au mai cheltuit și pe un butoiaș de vin sau o sticlă de rachie, pe basmale și alte mărunțișuri, dar, mai ales, au zburat ca vântul când a fost vorba de mai marii satelor, târgurilor. Apoi, când ne-am întâlnit și cu câte un confrate de-al nostru, n-am scăpat deloc ușor, nu se lăsau cu una, cu două. Dacă există posibilitate, Sfinția Ta, să ne mai trimiți câțiva săculeți că acum trebuie să căutăm prin arhive, avem de-a face cu cei care fac și desfac legile și cunosc mai bine ca noi jocul ăsta. Ce să facem, dacă ne-am prins în horă trebuie să jucăm. Aproape în fiecare zi aflăm ceva nou despre Achim. Tare te vei minuna, Sfinția Ta, când le vei auzi. Atât vreau să spun, nu este un om ca toți ceilalți. Și a făcut și face de toate, și bune, și rele, depinde din care parte vezi situația. Dar, ca să le aflăm pe toate, trebuie timp, răbdare și multă muncă. În plus de asta, omul nostru își ascunde urmele, ține totul în mare secret și e greu de tot de găsit ceva legat de dânsul. Dar, pe lumea asta totul se lasă aflat, dacă știi când să dai și să primești."

Gherasie nu dormi toată noaptea. Se gândi, se răzgândi cum să facă să fie mai bine. Chemă de dimineață un om la dânsul și se sfătuiră preț de câteva ceasuri. La lăsarea întunericului, un om și-un cal bine încărcați plecau în mare taină.

∞

Catedrala, de-a lungul timpului, adunase o grămadă de icoane, crucifixuri, cărți de mare valoare care stăteau în niște lăzi, într-o cămăruță ferecată mereu. Era o singură cheie ce atârna tot timpul la gâtul mai marelui locului. Fuseseră încercări de a sustrage această însemnată comoară, dar Catedrala era păzită zi și noapte. Acei hoți mărunți fuseseră prinși de fiecare dată, îmbrățișând ocnele ani buni de aducere aminte.

De data asta era altfel. Se vede că în acea cămăruță fuse umblat de curând. Ce fusese extras nu se știa cu exactitate. După o săptămână se dădu alarma. O întreagă cutie dispăru fără urmă. Nimeni nu văzuse nimic. Norodul era curios, gazetele începeau să vuiască. Paza fusese dublată. Câte doi oameni stăteau zi și noapte și în interiorul Catedralei. Peste câteva zile, altă cutie se evaporă.

- Oare cum este posibil așa ceva, cheia o am tot timpul cu mine, lacătul mare și greu nu pare forțat, cum or fi făcut acești netrebnici?

Era o agitație de nedescris în jurul locului. Mulțimea curioasă voia să afle amănunte, agenții nu lăsau pe nimeni să intre. Peste câteva zile, stupoare. Când deschiseră ușa, cămăruța era mai mult goală. Se făcuseră multe cruci, ba chiar și cuvinte care nu se prea potriveau cu lăcașul sfânt. Prin gazete circulau tot felul de variante: ba că era treabă diavolească, ba că era o pedeapsă divină, sau nu era nimic acolo și în acest mod găseau o scuză. Teoriile și conspirațiile nu fuseseră inventate aici și acum. Toată lumea își dădea cu părerea, toată lumea știa ceva.

- Vreau să păziți această ușă ca pe ochii din cap. Au mai rămas cu totul vreo două lăzi și, se pare, că sunt cele mai de preț. Voi dubla paza afară, să nu intre nici musca. Și voi veni personal noapte de noapte să văd ce și cum, zise comandantul pe o voce aspră.

Trecu o săptămână, trecură două, toate erau la locul lor. Dar, după o noapte oarecare, totul dispăruse din acea cămăruță. În mijlocul camerei, se aflau un pahar de vin și un trandafir. Gazetele înnebuniseră, comandantul își smulgea părul din cap, oamenii dădură buzna să vadă și ei. Parcă erau într-un fel bucuroși că se întâmplase așa. Trecură mai mult de câteva ceasuri până când se potoli hărmălaia. Pe la gazete multă cerneală se va scurge de acum încolo și amintirile se vor schimba în povești și legende. Adevărul se uită, timpul se schimbă.

∞

O ploaie rece biciuia fără încetare acele meleaguri de zile bune. Lemnele drămuite cu grijă trosneau sobele și încălzeau sufletele. Bărbații își căutau de treabă prin beciuri, muierile se strângeau pentru poveștile noi, copiii se alergau pe afară cât era ziua de mare. Prin târguri, rar zăreai câte un om și acela grăbit și cu multe treburi. Timpul își vedea de mersul lui, ca de fiecare dată. Și pe la Sf. Sinod se făcea simțită prezența lui. Gherasie se prăpădise, Vasilian căzuse în patimi mult prea lumești și fusese înlocuit cu Părintele Asdian Cernica. Scrisoarea primită de curând îi strânse pe membrii Consiliului pentru o nouă dezbatere. Nicovăț, care era mai marele lor, citi cu glas tare:

„Sfinția Ta...așa...am terminat cu oamenii mei cercetarea... și de acum într-o săptămână, adică vineri dis-de-dimineață mă voi prezenta în fața Sfințiilor Voastre să dau seamă despre *omul nostru* așa cum am promis."

- Apoi, fraților, până vineri trebuie să mai găsim un membru de încredere ca să ieșim iar la număr.

Ivan Arnăutu interveni.

- Da' ce să mai așteptăm până vineri. Eu îl propun chiar pe Eufrasie, dacă nici el nu știe cum stă treaba...atunci cine. Și a ajutat Biserica și pe noi înșine de atâtea ori. Și a mai făcut și astă lungă cercetare, la care nimeni nu s-ar fi încumetat, iar așa, când vine, avem și omu' și povestea!

Toți fuseseră de acord. Nicovăț, după o scurtă gândire, încuviință.

- Bun, așa să se facă. Până atunci odihniți-vă, faceți ce aveți de făcut, da' să-mi veniți pregătiți și împreună să găsim ce avem de făcut. Achim își continuă lucrările și trebuie să găsim o dezlegare. Domnul fie cu voi!

- Și cu Sfinția Ta!

Ziua cea mare sosi. Eufrasie venise dis-de-dimineață așa cum făgăduise. Toți erau curioși, chiar și Nicovăț dădea semne de neliniște.

- Bine ai venit, frate Eufrasie, fost-a grea această încercare?

- Bine v-am găsit, Sfințiile Voastre, tare mă bucur să vă revăd. Dar văd că nu mai este Arhidiaconul Vasilian. De tatăl nostru, Gherasie, am auzit, fie-i țărâna ușoară. Cercetarea a fost lungă și anevoioasă, dar până la urmă am isprăvit-o și tare mult vă veți mai minuna când veți auzi de toate cele. Eu zic ce am de zis și pe urmă vă las pe Sfințiile Voastre să vedeți ce și cum.

Nicovăț îi răspunse zâmbind.

- Păi nu se cade, Eufrasie, să ne lași cu una cu două. Tu cunoști mai îndeaproape multe chestiuni de trebuință pentru bunul mers al Bisericii; cum unul de-al nostru a căzut în patima jocurilor de noroc și a altor fapte păcătoase, ne-am gândit că ai fi omul potrivit la locul potrivit.

Lui Eufrasie nici nu-i venea să creadă. Nici măcar nu ceruse așa ceva, nici măcar nu îndrăznise să spere.

- Apoi, nici nu știu ce să zic, prea m-ați luat ca din oală.

- Zi da și bine ai venit și de pe drum, și în rândul nostru!

Toți îl îmbrățișară pe Eufrasie. Acesta, vizibil emoționat, cu greu își mai găsea cuvintele.

- Să fie într-un ceas bun și vă mulțumesc pentru încrederea acordată, sper să nu vă dezamăgesc. Și totuși să nu uităm pentru ce am venit. Mi-arde limba să vă povestesc.

- Haideți să ne așezăm cu toții la Sfânta Masă și să fim numai ochi și urechi la ce are să ne povestească noul membru al Consiliului.

- Sfințiile Voastre, înainte de a începe cu adevărat istorisirea vreau să precizez câteva lucruri. Majoritatea informațiilor pe care le-am găsit sunt din surse sigure, ba chiar avem mărturisiri și jurăminte ale persoanelor mai mult sau mai puțin implicate. Altele le-am mai legat cap la cap și cu puțină imaginație am reușit să înnodăm firele între ele până a ieșit unul singur. În schimb, despre alte fapte avem doar unele supoziții sau doar ce se spune prin partea locului. Cum se zice, nici îngerii care sunt prin ceruri nu știu mai multe. În alte locuri și timpuri, tăcerea a fost cumpărată și informațiile au fost înadins transformate în tot felul de zvonuri și povești. La polul opus, am găsit dovezi lăsate cu bună-știință ca să știm că dânsul a întreprins respectiva lucrare. Spuse fiind acestea, voi încerca să folosesc un limbaj mai modern pentru a mă face mai ușor înțeles. Dar, hai să nu vă mai țin pe jar și să vă spun totul de-a fir-a-păr.

- Uitați, anul astă se împlinește o jumătate de veac de când într-un sat mult prea uitat de toate se naște al șaptelea fiu al unei familii care de-abia se gospodărea pentru ziua de mâine. Părinții fiind mai tot timpul plecați cu munca și grijile, acesta crește printre frați și surori, printre păduri și râuri, printre nedreptăți și multe ticăloșii. Vremurile erau diferite de cele de astăzi, mai ales prin acele locuri, unde boierii, stăpânii sufletelor, erau din neamul lui Voicu. Așadar, acesta nu avea nici măcar certificat de naștere, nici măcar botezat nu era și toți îl strigau după voia lor: țâncule, băiete, a lu' Petru, cum li se zicea lor pe acolo. De mic era tare isteț și iscoditor, punea multe întrebări la care arareori găsea pe cineva capabil să-i răspundă. Așadar copilăria și-o petrece, să-i zicem așa, într-o libertate totală, între jocurile firești ale vârstei îmbinate cu neajunsurile vieții și cu întrebările care nu-i dădeau pace. Apoi, când se mai zburătăcise nițel începu a merge la biserică, dar nu de la el din sat că nici măcar nu aveau, atât erau de sărmani, ci la cea de la târgul cel mai apropiat. Povesteau bătrânii de pe acolo că un băiat desculț, sumar îmbrăcat venea duminică de duminică pentru a asculta slujba cea frumoasă. Li se făcea milă de el și fiecare încerca să-i dea ceva de pomană: ba de-ale gurii, ba ceva de îmbrăcat mai de seamă. Acesta nu primea niciodată nimic, ci doar slujba și ce găsea prin cărți îl interesa. Încet-încet legă o prietenie cu preoții de pe acolo și aceștia îl ajutară să scrie, să citească și îi strecurau pe ascuns câte o carte. Acasă, în familia lui, nu știa nimeni să citească, nimeni nu călca pragul bisericii deoarece la câte neajunsuri aveau, numai de îngerași și sfințișori nu le ardea lor. Sudoarea frunții căznind pământul potrivnic se asemuia, mai degrabă, cu iadul veșnic decât cu raiul plin de beatitudine. Încet-încet devoră toate cărțile de pe acolo și, într-o bună zi, aproape fără să-și ia rămas bun, plecă în lume cercând soarta ori norocul. Ai lui parcă mai mult s-au bucurat decât s-au întristat, atât de greu îi încercase viața. Cam pe la șaisprezece primăveri băietul nostru se încercă în lumea mare. În ziua ceea se iscă o furtună grozavă. Ca de altfel și în ziua nașterii și când băiatul împlini șapte ani. Bătrânele locului ziceau că nu e lucru curat și că e semn de mari nenorociri. Și câte și mai câte, dar cred că nu e nici locul și nici timpul de a fi auzite de Sfinţiile Voastre. Plecat fiind, își găsește de lucru sezonier, dar, mai mereu, pe lângă biserică, mănăstire sau preoţi. Întâiul, să-i spunem așa, serviciu a fost la restaurarea unei mici biserici unde marele meșter avea nevoie de cineva care să-i facă materialele, să-i cureţe pensulele și alte treburi mărunte. Stă aproximativ șase luni pe acolo, pe masă și mâncare și pe câte un gologan aruncat la zi de sărbătoare. Pentru el era destul. Toate cărţile ce se aflau pe acolo erau la cheremul lui și încetișor deprindea și ceva meserie. Când lucrarea se termină și-o luă cu drumul și ajunse după ceva timp la o mănăstire departe în munţi, unde, tot așa, pentru o farfurie de zeamă și o saltea de paie, făcea diverse treburi. Băga la curăţenie, avea grijă de mica grădină, aducea de jos cu ajutorul a trei măgăruși cele de trebuinţă. În schimb, la început, era tare mulţumit. Apropierea de acei călugări, vorbele lor calde, poveţele pline de înţelepciune transformau sufletul tânărului. Cărţile erau puţine, călugării erau scumpi la vorbă, vizitatorii erau foarte puţini. Dorinţa de cunoaștere era mare, așa că îl găsim peste vreo două luni băiat în casă la Popa Floarea. Acesta, -om umblat prin străinătăţi, cu o avere considerabilă, cu o casă strălucitoare și o bibliotecă ce rareori se putea vedea prin partea locului-, prinse drag de băiat văzându-l așa vrednic și la locul lui, ba chiar poate prea sfios pentru vârsta lui. Pentru băiet, seara, după ce-și termina treburile, se deschidea un nou univers. Ghemuit într-un colţ de bibliotecă citea până dimineaţă, la lumina lumânărilor, cărţile sfinte. Dar, acolo descoperi pe Platon, Spinoza, știinţele cerești, longitudini și latitudini, cărți de ocultism și magie antică, de psihologie și meditație, de credințele lumii. În lungile discuții pe care le avea cu băiatul, Floarea descoperea cu plăcere dorința pură de adevăr și cunoaștere a acestuia. De la lună la lună gândirea îi era mai profundă, uimirea mai mare, somnul mai puțin. Bobocul de floare începea să se deschidă pentru noile ceruri. Preotul avea două fiice, cam de vârsta acestuia și nu-i displăcea ideea să-l facă ginerică și peste ani de zile să-i ia locul în toate. Dar cum orice poveste frumoasă se termină repede, preoteasa intră pe fir și nici nu voia să audă de așa ceva. Că-i un coate-goale, noi suntem familie cu cinste, ne măritam fetele cu oameni de vază, nu cu golanii de pe drum; câte și mai câte și numai ca să scape de gura neveste-sii îl sacrifică pe băiat pentru liniștea căminului. Acesta plecă, fetele plânseră luni bune, boiernașii se prezentau în pețit. Îi părea rău doar de cărțile necitite și de discuțiile pline de har pe care le-ar fi avut cu ocrotitorul său și, parcă, după fata cea mică.

Îl găsim peste ceva timp pe lângă casa vrăciței Edenor, cunoscută în tot ținutul pentru leacurile sale. Îi vindeca aproape pe toți cu prafurile, ceaiurile și descântecele sale. Aceasta, fără grabă, îi destăinuia flăcăului din tainele sale deoarece văzuse în inima acestuia lumina. De dimineața până seara zeci de bolnavi veneau spre alinare și aproape la toți le găsea un leac. Dar, zicea ea, doar acelora care veneau cu demonul în ei, nu avea ce să le facă pentru că sufletul le fusese deja răpit. Aceștia se linișteau ca prin farmec când tânărul îi atingea sau se afla pe lângă ei. Edenor vedea și înțelegea. Într-o bună zi îi zise:

„Dragul meu, mai rămâi pe lângă mine ceva timp, până când vei învăța mai multe și sper să-ți fie de folos în viață, ție și altora.

Dar, puterea pe care o văd în tine, mai ales cu cei demonizați, trebuie șlefuită și încercată de cineva care cunoaște această taină sau se găsește prin cărțile vechi din care se mai găsesc doar câteva exemplare. Te-aș ține aici mereu din dorința mea egoistă de a avea pe cineva care înțelege cu adevărat și acest dar de la Dumnezeu, dar, spre binele tău, du-te și caută-ți adevărata ta menire."

Tânărul mai rămase ceva timp pe lângă vrăciță, apoi și-o luă iar cu drumul. Colindă ținuturile luni de zile, găsind de muncă pe ici, pe colo. În tot acest timp vede, iar și iar, cum cei mai mulți plângeau de sărăcie, iar ceilalți își clădiseră bogățiile pe nefericirea celor mulți. Apoi, un fapt extraordinar, avea să-i schimbe destinul lui și al altora. Întâlni pe Achim Gavrilea...

- Cum pe Achim, se miră cineva, păi nu e el cel de care ne povestești?

- Ba da, Sfinția Ta, dar până să-l cunoască pe acest tânăr își zicea cum ceilalți doreau să-l cheme. Acest Achim Gavrilea era tare supărat de faptul că trebuia să apuce calea bisericească și că va trebui să studieze la Seminar. Mijloace financiare avea, slavă Domnului și intrarea la Seminar îi fusese *înlesnită*, trebuia doar să se prezinte, dar tocmai cunoscuse o fată și iubirea față de aceasta era lumea toată. Prin urmare, între cei doi tineri avu o învoială și iată-l pe tânărul nostru anul întâi la Seminar, sub numele de Achim.

Forfotă în Sală. Fiecare dorea să întrebe ceva. Nimeni nu se aștepta la asemenea întorsătură. După ce zarva se mai potolise, Eufrasie continuă.

- Așadar, Achim, așa îi vom spune și noi de acum încolo, începe cursurile. Un vis al copilăriei se împlinise. Înconjurat de cărțile sfinte, cu dascălii care reprezentau divinitatea, având timpul lumii pentru rugăciune și meditație. Fiind o minte sclipitoare se face remarcat de îndată printre profesori și studenți, fiind coleg chiar cu..., dar văzând gestul discret al lui Nicovăț schimbă vorba cu repeziciune. Nu toți dascălii îl aveau la inimă deoarece, Achim al nostru, le prezenta fapte, le punea întrebări incomode, era un fel de, cum se spune astăzi, înger și demon. Aproape în fiecare zi, înainte și după încheierea cursurilor, îl găseai în bibliotecă cu un maldăr de cărți în față, cele mai multe ediții rare, unele chiar interzise. Lunile treceau și Achim creștea în învățătură și înțelepciune. Notele ar fi trebuit să fie pe măsură, dar erau dintre cele mai modeste. Nu se supăra pentru asta, își avea și el...

- Iartă-mă, frate Eufrasie că te deranjez, interveni Nicovăț, o întrebare aș avea și eu. Nu că nu cred în cuvântul matale, dar ca să înveți trei ani la Seminar nu e lucru ușor din punct de vedere financiar. Și îți trebuie chiar foarte mult, știm cu toții acest lucru, mai ales că nu provenea dintr-o familie mare care să aibă grijă de el. Ia spune-ne, cum făcea să-și plătească taxele, să se îmbrace și toate cele necesare învățăturii?

- Apoi, Sfinția Ta, dacă m-ai întrebat, vă voi spune. Nu aș fi vrut să pomenesc acest lucru din anumite motive. În primele luni, bruma de gologani pe care o strânsese din măruntele slujbe avute, se duse cu repeziciune. Mai apoi, fără să știe nimeni, își găsi ceva de lucru în casa văduvei M. care avea trei fete. Fiind un tânăr frumos care avea darul vorbirii, citit, cu o imaginație bogată, mai tot timpul cu zâmbetul pe buze, se mai întreținea cu fetele la o plimbare, la un ceai, iar acestea îi mai strecurau câte un mic cadou, o atenție. Încet, încet începu să fie invitat pe la casele mari și cu cinste, din regiune. Fetele îl plăceau pe Achim și mai toate încercau ceva, ba să mi-l ia de soț, ba altcineva avea o soră. El plăcut petrecea cu ele, cu mici jocuri și glume nevinovate. Începu să aibă datorii din ce în ce mai mari pentru că umila slujbă nu-i mai ajungea nici să se îmbrace, darămite să mai plătească taxele către Seminar. Și cum într-o zi primi o cerere mai deocheată din partea unei văduvițe pe care nu putu să o refuze, date fiind condițiile, repede își dădu seama de unde îi putea veni scăparea: cocoanele cele grase și mai bătrâioare. Erau darnice și nu aveau nici pretenții de măritiș, ci doar...înțelegeți Sfințiile Voastre ce și cum, nu cred că e nevoie să intru în detalii.

- Așa făceai, Achime și mie nu-mi spuneai...

- Ce-ai spus Sfinția Ta, întrebă cineva?

- Nimic, vorbeam așa, răspunse Nicovăț cu un aer gânditor, vorbeam pentru mine.

- Aici s-a născut păcatul, interveni altcineva și dacă a apucat-o pe calea asta cu greu mai ieși basma curată din așa încurcătură.

- Ș-apoi ce vreai să facă, de unde arginți? Era tânăr și nevoiaș, oare ce-ar fi făcut altu' în locul lui?

- Nu s-ar fi înscris la Seminar și așa nu ar fi trebuit să facă ceva împotriva voinței lui, să nu-mi spună mie careva dacă nu și căuta înadins aceste *întâlniri cu păcat*.

- Și credeți că-i mai ardea lui de învățătură și rugăciune când, pe partea cealaltă, se tămăduia prin iubirile carnale și cu rachiurile cele mai fine?

- Ba dimpotrivă, dacă numai așa putea continua să plătească toate cele. El, de fapt, făcea un sacrificiu, se oferea pe sine în iubirea lumească pentru a atinge iubirea divină.

- Da, da, cunoaștem așa ceva, bietul de el ce mai suferea,

puțini aș cunoaște care să nu se înhame la această corvoadă, la sacrificiul deșertăciunii carnale.

- Fraților, dacă nu ne oprim acum, pierdem povestea. Dacă e bine sau rău, dacă e moral sau imoral ce-a făcut, vorbim după ce Eufrasie ne va spune tot ce a aflat.

Acesta, dregându-și glasul, continuă pe un ton mai vesel.

- Și așa, unde-i un an sunt doi, unde sunt doi sunt trei, Achim termină Seminarul cu o colecție de cărți pe care o cumpărase cu bani trudiți, cu ceva gălbiori puși deoparte pentru zile mai întunecate și cu dorința de a pune în practică tot ce învățase. Trimite patalamaua tânărului cu care făcuse învoiala să facă ce vrea. Se pare că dorința lui era legată de exorcizare și cum putea ajuta mai bine pe cei canoniți, în plus, cum îi prezise și vrăcița, avea și darul necesar. Prin urmare, îl găsim peregrinând prin sate, în căutarea celor pierduți Necuratului. Reușește de fiecare dată alungarea răului, chiar dacă nu îndeplinește ritualurile noastre. Încet-încet cazurile dispar. Și cum într-un sat popa fugise cu muierea, copiii și bunurile bisericii, Achim se instalează acolo. Ținea slujbele, de data aceasta respectând obiceiul întocmai. Lumea era mulțumită și el era mulțumit. O altă dorință a copilăriei se împlinise. Numele lui ajunsese repede cunoscut, pe la biserică se perindau bolnavi, demonizați, oameni amărâți. Mai cu-n galben, mai c-o vorbă, mai cu o slujbă de vindecare la toți le găsea alinarea sufletului. Timp de aproape doi ani de zile toate continuară așa. Exista doar un singur inconvenient: toți banii, toate roadele de pe pământul bisericii, toate foloasele rămâneau acolo în sat și printre cei sărmani. Teoretic, ăsta era și scopul, dar practic fusese trimis un popă de la altă biserică care știa mai bine cum se împărțeau darurile pe această lume. După ceva timp, acesta descoperi că, de fapt, Părintele Achim îl înlocuise pe păstrătorul de drept al bisericii, un anume Geambasie.

- Tot cu ale lui, Achim al nostru.

Eufrasie continuă pe un ton un pic ciudat.

- Aici, în faptele ce urmează, a fost cel mai greu din toată cercetarea noastră. Îi vedeam cum se feresc și chiar dacă îi amenințam cu cele mai grele cazne diavolești sau cu cei mai sclipitori galbeni, oamenii rămâneau muți și ne închideau ușile în grabă. Ne-am pus în practică și alte vicleșuguri sau talente, dar degeaba. Nici când am aflat de Achim și haiducii parcă nu ne-a fost așa greu.

- Ce Achim și ce haiduci, ce are de-a face una cu alta, se miră cineva?

- Răbdare, răbdare, Sfinția Ta că ajungem și acolo. Dar haideți să revenim la oile noastre și să vă destăinuiesc ce și cum. Peste ceva timp îl găsim pe Achim la o podgorie întinsă, situată pe niște coline, cu un lac imens în față. După toate străduințele noastre, nu am putut afla mare lucru. De data asta ne bazăm doar pe zvonuri, pe bunătatea sau răutatea lumii, pe vise și dorințe. Dintre toate cele, ne-am oprit la trei variante, care par cele mai plauzibile. Cea dintâi ar fi că Achim s-ar fi întreținut cu stăpâna locului care avea o singură fată dintr-o căsătorie anterioară, fiind acum văduvă și dornică de iubire tihnită. Iar fata acesta s-ar fi sinucis din prea multă gelozie, iubindu-l fără ca nimeni să știe. A doua variantă care circula prin partea locului era că el și fata moșierilor ar fi trăit o frumoasă poveste de dragoste și chiar înainte să nască rodul iubirii lor, aceasta muri subit. Cea de-a treia ar fi faptul că stăpâna acelei podgorii era o cunoștință de-a lui Achim din încercații ani ai studenției, cu care, se zice, că mai păstra ceva legătură. Aceasta, fiind grav bolnavă, îl chemă la căpătâiul ei și-i lăsase lui toată moșia să facă ce vrea dânsul cu ea. Acum, care variantă dintre cele expuse este mai aproape de adevăr, nu pot ști cu siguranță. Cele câteva zile în care am poposit pe acele meleaguri au fost bizare și parcă se simțea în aer că o mare dramă se produsese. Într-o mică grădină, în mijlocul acesteia se afla sculptată o fecioară dezvelită până la brâu, acoperită de un șarpe de viță-de-vie. Se spune că de fiecare dată când Achim se reîntoarce pe acolo stă ore bune în fața acelei sculpturi murmurând cuvinte fără de înțeles. Ce-o fi, ce n-o fi, cert este faptul că pe Achim această întâmplare l-a afectat destul de mult. Poate și de aceea se retrage din lume. Întâi, într-o pădurice de mesteceni își înjghebă o colibă mai simplă decât viața și moartea la un loc. Rar de tot se lăsa văzut la față în câte un sat pierdut și numai pentru a-și procura ceva de-ale gurii, atât cât să nu moară de foame. Traiul în sânul naturii îl liniști și tiptil-tiptil zâmbetul și farmecul de-odinioară îi reveneau. După nouă luni petrecute în acea pădurice se hotărî să meargă la acel schit săpat în stâncă unde viețuiau câțiva călugări. Într-un fel sau altul știa că trebuie să ajungă în acel loc sfânt. Și se hotărî să rămână acolo. Era cel mai liniștit loc pe care-l cunoscuse până atunci. Și astfel se îndeplinea alt vis al copilăriei. Mai fusese o dată la o mănăstire alături de călugări, dar atunci era prea tânăr și prea dornic de cunoaștere pentru a se putea bucura cu adevărat. Acum extrăgea frumusețea din fiecare clipă a existenței, din fiecare rugăciune închinată Domnului și oamenilor, din fiecare vorbă de duh pe care o schimba cu frații lui de viață. Și rămase acolo aproape doi ani, până când veni o bătrână să-l caute ca să ajute o fată cu ritualul de exorcizare. Cred că își făcuse o promisiune față de sine de a rămâne în liniște și pace, poate chiar viața întreagă, dacă lumea nu-l va cere. Așadar, Achim se coboară, scapă pe tânără, îi vindecă și pe alți demonizați până când se face iar liniște pe acele meleaguri. Se întoarce și pe la podgorie vreo două săptămâni, ce-o fi făcut pe acolo numai Dumnezeu știe. Fiind, de-acum încolo tot timpul în mijlocul oamenilor începe să-i îndrume, să le arate că există încă speranță și așa cei care îl ascultă devin tot mai numeroși. Dacă la început se întâmpla ba într-o bodegă, ba într-o casă, ba într-o căruță, ba pe un drum uitat, pe la un han sau chiar pe la curțile boierești, încet-încet oamenii devin tot mai numeroși și mai dornici de învățătură. Prin urmare, începe un fel slujbă în aer liber la care norodul venea bucuros. A fost și pentru prima dată când am aflat despre Părintele Achim, oamenii mei trimițându-mi o înștiințare. La început nu mi-a venit să cred că se strângea atâta lume la aceste predici în aer liber. Într-o duminică, îmbrăcat ca un om oarecare, un om al meu a asistat la slujbă să vadă ce și cum. Erau aproape două sute de suflete care-l ascultau cu atenție. Nu citea din cărți, nu avea pe nimeni cu el, doar oamenii se strângeau în jurul lui ca să-l asculte mai bine. Nu aș defini ca fiind o slujbă ci, mai degrabă, o filosofie de viață. Știind pe cine avea în față, Achim le vorbea acestora cât se poate de simplu, pe înțelesul tuturor, fără cuvinte mari și alese. Emoția pe care o stârnea în rândul acestora era extraordinară. Chiar și pe omul meu, într-un fel sau altul, l-au atins vorbele sale.

Mai predicând câteva duminici bune, la un moment dat, fără să fie anunțat de nimic se întâmplă un fapt extraordinar, care avea să-i schimbe cursul destinului într-un mod destul de alambicat. Străbătând un codru destul de des, pentru a ajunge la niște suflete uitate de lume și soartă, Achim este prins de o ceată de haiduci,iar aceștia s-au bucurat prima dată crezând că are pungile cu galbeni dosite și pline, dar dându-și repede seama că nu avea nimic l-au luat cu ei deoarece în această *meserie* nu strică cineva care știe să scrie, să citească, să țină socoteli. Achim sub amenințarea cuțitului și a vieții, vrând-nevrând se prinde în tovărășie cu aceștia.

În Sală tăcerea era de mormânt. Eufrasie continuă.

- Eu redau faptele cât se poate de succint că dacă aș intra în toate detaliile n-am mai termina nicicând. Așadar, micuța bandă acționa local, fără să pricinuiască prea multă zarvă. După aproximativ doi ani aceștia încep să devină cunoscuți prin prădarea boierului Voicu. Trebuiau mulți oameni și multă îndemânare și un plan bine pus la punct. Toate sursele îl indică pe Achim ca fiind capul acestora. Îl lasă pe boier doar în izmene, legat de un stâlp de poartă. Apoi, icoane vechi încep să dispară de prin magazii, de prin case, de prin biserici uitate de timp. Aparent acestea sunt fără valoare, dar în lumea artelor, prin străinătățuri prind o valoare exponențială. De fiecare dată, la locul faptei, găsim un trandafir roșu și un pahar de vin. Chiar și în celebrul Jaf de la Catedrală găsim aceste simboluri acolo. Dacă la început erau o mână de oameni care atacau la drumul mare, acum nimeni nu știa pe unde își făceau veacul sau unde va fi următoarea lor lovitură.

În sfârșit, după ceva timp, îl găsim iar pe Părintele Achim ținându-și predicile duminicale. Dacă reușise să scape sau încă mai ținea legătură cu aceștia, nu pot să vă spun cu certitudine. Bănuieli am, dar îmi voi exprima părerea când povestea vieții lui Achim se va fi sfârșit. După ceva timp îl regăsim pe Achim într-un loc mâncat de ape unde ajută la construirea unei biserici. Aproape de un an de zile îl găsim acolo construind el cu sătenii...

- Da, da, cunoaștem povestea asta, treci mai departe că numai noi știm ce-am mai canonit atuncea. O biserică făcută fără încuviințarea Bisericii, e lucru încurcat rău.

Eufrasie se gândi un pic. Apoi, reluă ușor încurcat.

- Achim, după această *experiență*, se retrage sus în munți, într-o grotă. Își încropește un loc de rugăciune și viețuiește de unul singur câteva luni bune aproape de an. Când lumea l-a dorit iară, acesta ajută la construirea altei biserici, dar, de data acesta, sub altă înfățișare. Îmbrăcat în femeie, schimbându-și barba pe basma, dregându-și glasul și toate cele, reușește să termine această lucrare fără ca cineva să își dea seama. Apoi urmează iar Predicile sau îl găsim într-o peșteră înconjurat de lumânări pentru câteva luni bune. Ce-a făcut atunci la Marea Exorcizare, cunoaștem cu toții și nu cred că are rost să intru în amănunte. În rest, faptele sale, din ultimul timp, le cunoaștem. Cam asta e spusă pe repede-înainte, povestea vieții lui Achim.

- Ei, Eufrasie, în primul rând îți mulțumim pentru efortul tău de a aduce lumină acolo unde întunericul încă sălășluia. Într-un fel sau altul faptele Părintelui par mai clare, chiar dacă nu neapărat mai ușor de înțeles. Îți mulțumim încă o dată, frate Eufrasie.

- Cu multă plăcere, Sfinţiile Voastre. Acum cred că pot să-mi exprim și eu câteva idei personale. Când am primit această misiune de la Taica Gherasie, fie-i țărâna ușoară, m-am bucurat nespus crezând că voi aduce dovezi imbatabile ale hoției și necredinței lui Achim. Dar, pe parcurs, căutând adevărul, l-am găsit altcumva de cum mi-l închipuiam. Într-un fel sau altul, de când am avut șansa de a fi aproape de Achim, numai lucruri bune mi s-au întâmplat: acum sunt membru al Sf. Consiliu, mi-am regăsit pacea interioară pe care mi-o pierdusem în diferite dispute, totul e liniștit și frumos în viața mea.

- *E bine așa*, dar, fraților, haide-ți să revenim la oile noastre.

- Să nu uităm totuși pentru ce ne-am strâns aici și fiecare să spună liber ce gândește.

Ivan Arnăutu luă cuvântul.

- Părerea mea cred că deja o știți și nu mi s-a schimbat deloc auzind această povestioară romantică cu haiduci și cu prințese misterioase. În plus, cred că avem acum și dovezile care ne lipseau. Paharul de vin și trandafirul reprezintă o sfidare la adresa autorității de drept, o bătaie de joc. Și să nu-mi spuneți că nu a fost Achim cu ceata lui de bandiți când l-a prădat pe boierul Voicu. În primul rând, motive avea destule: nedreptățile la care familia îi fusese supusă de-a lungul timpului, ticăloșiile pe care acesta le făcea cu toți sătenii, faptul că-i ținea fără acte, un fel de sclavi moderni.

- Apoi cine în locul lui, având puterea de a schimba ceva recunosc, cu mijloacele cele mai neortodoxe posibile, nu ar fi procedat la fel? Dacă eram în locul lui îi dădeam și 50 de lovituri de bici boierului Voicu de n-ar mai fi dormit toată viața decât cu nasul în țărână. Bine i-a făcut acestui fiu de...

- Ușurel, haideți să ne calmăm un picuț fraților și să ne amintim și de înțelepciune, de înțelegere, de...

Asdian Cernica luă cuvântul.

- Fraților, eu am ascultat o dramă într-o sută de drame. Acum, în sfârșit, am înțeles mai bine comportamentul împrici-natului nostru. Pentru mine o concluzie se impune de la început:

Părintele Achim nu dorește răul Bisericii și nu a avut niciodată această intenție. Ba dimpotrivă, poate cel mai prețios vis al copilăriei a fost acela de a sluji în rândurile noastre. Partea proastă este că noi l-am respins de fiecare dată și chiar l-am prigonit. În loc să-l lăsăm să zboare i-am frânt aripile cu bună știință. Am fi putut avea și noi mai multă înțelegere. Să nu-mi spuneți că toți dregătorii au actele necesare spre a cârmui, sau că toți doftorii, sau dascălii de pe la sate au toate cele. Darul dânsului pe care-l nu contestă într-adevăr nimeni este acela al exorcizării. Eu propun să-l facem Primul Exorcist, funcție oficială, cu casă și masă. Este ceva ce este pe plac dânsului și, la urma urmelor, îi dăm și o mică bisericuță de unde să-și țină slujbele. Și astfel și noi suntem liniștiți și Achim nu se mai ține de prostii.

- Da, dacă îi propuneam acest lucru acum douăzeci de ani ar fi acceptat cu siguranță, îi răspunse Ioanid Damianul. Acum, Achim și-a construit propria biserică.

Stupoare în sală. Ceilalți se întrebau ce năzbâtie mai e și asta.

- Liniște fraților, am să mă explic. De când l-au prins haiducii, de atunci și norocul lui. Ceea ce pentru un altul ar fi fost chiar sfârșitul vieții, pentru el a fost un nou plan de bătaie. Haideți să ne imaginăm un pic faptele. Achim era un om citit, școlit, care gândea pentru sine și pentru alții. Cu siguranță se impune repede în mijlocul acelei gloate de neisprăviți. Presupun că devine rapid căpetenia acestora, datorită modului lor de a acționa. Îi învață să scrie, să citească, să se îmbrace frumos, îi face niște domni. Loviturile lor, pentru cei care cunoșteau această meserie, erau adevărate opere de artă, aceasta fiind și simbolistica paharului de vin și a trandafirului. Impune o dogmă, iar cei care intrau trebuiau *să studieze* în adevăratul sens al cuvântului. Iar pretendenții erau aleși după examene dure. Credeți că Jaful de la Catedrală ar fi putut avea loc fără ca oamenii să fie pregătiți temeinic? În felul astă, își construiește, să-i spunem așa, o rețea filantropică,rudimentară, care se întinde în lungul și-n latul țării, poate chiar și prin cămările noastre. Credeți că ar fi folosit la ceva dacă icoanele și alte obiecte de cult dispărute ar fi zăcut și astăzi mucegăite, prăfuite sau utilizate în alte scopuri? Rețeaua este din ce în ce mai mare și întortocheată și orice ar face autoritățile nu pot dovedi nicidecum că Achim este capul. Și nu cred că este deloc surprinzător faptul cum mănăstirile sunt ajutate, cu bani și produse, cum reapare câte o icoană de zici că-i nou-nouță la locul și timpul potrivit. Și după ce a fost călcat Voicu și alți netrebnici, norodul nu a dus-o rău vreo câteva luni de zile. Și să nu uităm că oamenii lu' Achim sunt pregătiți la toate cele, ați auzit și voi că la Marea Exorcizare n-aveau teamă de nimic.

- Ei, da'cum le știi Sfinția Ta pe toate, apropo, eu până în ziua de azi nu știu cum au furat bandiții toate acele obiecte din Sf. Catedrală.

- Eu aș avea o idee, continuă Iconomul, să mă contrazică Eufrasie dacă voi spune ceva la nelalocul lui. M-am gândit ce și cum.

- Deci...?

- Apoi, cred că Achim s-a aflat la mare distanță de locul faptei, undeva să fie văzut de oameni. Cum planul fusese minuțios pregătit, nu se avea nevoie de dânsul, în planul fizic. Oamenii dânsului intrară în Catedrală cu mult înainte ca faptele să aibă loc. Și-au adus cu ei merinde și apă cât să le ajungă pentru câteva săptămâni. Probabil s-au ascuns într-un fel de criptă, de unde lespedea mare și grea se putea acționa numai din interior. Și au stat acolo cuminți și în unele nopți ieșeau cu mare băgare de seamă, adunând tot felul de obiecte, având, cel mai probabil, o cheie care se potrivea întocmai. Și așa, fără grabă, grămada se făcea din ce în ce mai mare. Pentru ultima lovitură, atunci când paza fusese întărită, au folosit praful somnului, ei fiind protejați în prealabil.

- Și cum au ieșit cu toate acele obiecte, tot așa, noaptea ca hoții?

- Nu, de data asta nu. Ziua în amiaza mare.

- Nu se poate așa ceva.

- Ba se poate și am să vă explic și cum. În isteria generală creată, atunci când un puhoi de lume intra și ieșea din Catedrală, aceștia au tras lespedea la o parte și ajutați de alți complici au început să le care într-un loc sigur, departe de privirile indiscrete. Toată lumea era înnebunită să privească acea cămăruță goală, tot acel iureș, tot acel haos creat au ajutat în cea mai mare măsură. Greșesc cu ceva, Eufrasie, în filmul pe care mi l-am făcut?

- Chiar deloc, Sfinția Ta, din informațiile pe care le am, lucrurile s-au petrecut întocmai.

- Să nu uităm totuși un fapt pe care eu îl consider vital, interveni Arhimandritul Ciprian. Toate aceste fărădelegi, lovituri sau cum s-or mai numi au avut loc în anii aceia, de mare restriște, când toată lumea o ducea foarte prost. Ani de secetă, grânele au fost foarte puține, chiar și pentru dobitoace era vai și amar. Norodul venea să ne întrebe pentru un săculeț de mălai, pe care nici noi nu-l mai aveam. Nu știu câți ar mai fi apucat ziua de astăzi dacă nu venea acest ajutor. Atunci nimeni nu se întreba, nimeni nu iscodea ce și cum, ci primea acel ajutor mulțumind Celui de Sus. Dacă o avea Achim o organizație, ei bine, în acele timpuri, ea și-a dovedit menirea. Să-l ajuți pe aproapele tău mai mult ca pe tine însuți, ce poate fi mai frumos?!

- Da', cum-necum, legea tot a încălcat-o și cu bună-știință.

- Dacă el nu ar fi avut curajul să o facă, mulți ar fi murit cu zile de foame și sărăcie. Ce este legea dacă ea nu ajută omul? Niște doctrine morale și etice, așezate frumos în pagină și să sune cât mai bombastic? Achim a acționat cu mijloacele pe care le-a avut la îndemână și noi am acționat în acele timpuri, dar cu alte mijloace care erau mai ușor de procurat deoarece deja le aveam. Ce diferență este între noi? Că noi suntem aici și despicăm firul în patru dacă e bine sau rău, în timp ce dânsul se află mereu în mijlocul vâltorii?

- Ehee, se alătură și Protopopul Gheraldin, nu degeaba se spune că înțelepciunea vine ultima, noi toți suntem așa de departe. Privim în viața unui om și o analizăm cu ce a făcut și a zis mai rău ca babele de pe șanț. Loviturile destinului care au căzut asupra-i nici nu le mai pomenim. Oare ce s-ar fi întâmplat cu omul nostru dacă ar fi rămas în continuare la Popa Floarea în casă, s-ar fi căsătorit cu una din fetele sale, și-ar fi luat biserică când i-ar fi venit timpul? Destinul de data asta a fost femeia care l-a alungat ca pe un netrebnic. Apoi, după ceva timp se retrage alături de câțiva călugări în tihnă și uitare și cred că ar fi stat viața întreagă acolo dacă lumea nu-l cerea. Și a ales pentru lume, nu pentru el. Deci lumea a avut nevoie de el, nu el de ea. Viața acestui om este un sacrificiu continuu. Chiar și când este căpetenie de haiduci, tot pentru popor o face. După cum știți, el tot cu slujbele se ține, adevărata lui chemare. Că a fost foarte bun în ceea ce a întreprins, nu cred că e un lucru cu păcat. Nimeni dintre noi nu ar fi avut curajul să facă ceea ce a făcut dânsul. Și dacă ar fi avut și mijloacele materiale necesare nu ar mai fi căzut în păcatele cărnii.

Nicovăț, care era mai marele lor, luă cuvântul.

- Fraților, acțiunile lui exterioare le-am despicat și poate le vom mai analiza mult timp de acum înainte. Dar nu am căutat, cu adevărat, în sufletul acestui om. În credința lui de viață, în loviturile destinului pe care le-a biruit fără să crâcnească. De mic simte această chemare, chiar dacă mijloacele i-au fost potrivnice încă din fragedă pruncie. Oare câți dintre noi, când n-au ce mânca și cu ce se îmbrăca se mai gândesc la cele sfinte? Apoi a plecat în lume, fără un chior în buzunar și fără cineva care să-i arate o cale, să-i mai dea pietrele la o parte. Își găsește mici slujbe ca să se poată întreține, mereu pe lângă Sfânta Biserică. Chemarea dăinuie în dânsul și acesta e scopul său în viață. Și bine a făcut că a intrat la Seminar, chiar dacă printr-o uzurpare de identitate. Dacă ar fi rămas pe străzi, ar fi fost cu siguranță un om deosebit, dar acolo a avut posibilitatea să aprofundeze cărți foarte rare, ediții limitate ale marilor cărturari ai Bisericii. Nu era o persoană ca el în tot Seminarul. Acolo l-am cunoscut și eu și am legat prietenie încă din primul an.

- Cum, Sfinția Ta? Ați fost colegi trei ani de zile?

- Da, Sfințiile Voastre. Și nu mi-e rușine de asta. Nu v-am spus până acum ca să nu las loc de interpretări sau să zică cineva că-l protejez cu ceva. Am fost ca frații de cruce în acel timp de pomină. Doar un singur lucru nu dorea să-mi spună, și anume, cum făcea rost de arginți să se întrețină. Acum știm cu toții ce și cum. Era un student eminent și el își dorea, cu ardoare, un singur lucru: aflarea adevărului divin. Credință ca a lui eu nu am mai văzut de atunci până în ziua de azi. Îi depășea cu mult pe toți dascălii în măiestrie și în puterea de a înțelege necunoscutul, aproape că nu era curs la care să nu se iște vreo discuție cu patos despre oameni, neființe sau forțele creatoare. Dascălii erau de modă veche și cu greu puteau să iasă din tiparele stabilite și care erau făcute praf de acest tânăr strălucitor care spunea lucrurilor pe nume. Repede își dădu seama că înțelepciunea pe care o căuta nu putea veni prin aceștia. Așa că, prin anumite sacrificii, își procura cărți foarte rare și de o mare valoare, ni le împrumuta și nouă, celor care doream. Aproape în fiecare zi se trezea foarte devreme și se culca târziu de tot ca să aibă timp să citească tot ce îi cădea în mână. În fiecare acțiune pe care o întreprindea căuta esența divină.

- Da, am mai auzit și despre celelalte fapte care n-aveau nimic de-a face cu învățătura.

- Apoi, ce era să facă? Cred că din tot Seminarul era singurul care trebuia să se descurce pe cont propriu. Pe toți ceilalți îi susțineau familii mari, cu influență și cu mijloacele materiale necesare. Nu o singură dată vedeai dascălii încărcați de tot felul de cadouri, mai ales în preajma Sărbătorilor. El era singurul care zicea că astfel de lucrări nu sunt pe placul Domnului. Cred că în sinea lui era greu. De fapt, din fragedă pruncie i-a fost greu. Poate că, în realitate, se obișnuise. Fiind un orfan al vieții, trecând prin atâtea greutăți de unul singur, se călește în aceste încercări și forța extraordinară care zace în el crește cu fiecare probă pe care destinul i-o pune împotrivă.

- Sfințiile Voastre, am primit mai deunăzi o scrisoare de la autoritățile competente în care ne roagă să ne spunem părerea referitor la dispariţiile de icoane şi alte obiecte de cult. Sau dacă avem un registru al acestora ca să ştie exact ce să caute. Ce răspundem?

- Că mai mult de nişte bănuieli şi supoziţii nici noi nu deţinem. Avem cu toţii o imaginaţie bogată şi poate lucrurile nu s-au întâmplat întocmai. De registru, nici vorbă, tare bine ne-ar fi prins şi nouă un exemplar. Poate te ocupi tu, frate Eufrasie, să întocmeşti unul cu ce ne-a mai rămas.

- Cu multă plăcere, aşa mă simt şi eu util, că mai mult îmi place să muncesc decât să critic pe cineva.

- Dar dacă îl oferim pe Achim pe tavă acestora?

- Parcă vorbim de atâtea ceasuri în zadar şi matale tot nu ne asculţi, credeam că nici nu se mai pune problema. Achim e un om liber şi va fi liber atât timp cât va exista acest Consiliu.

- Păi, şi cum? *Nu-l legăm?* Acum, când avem această posibilitate?

- Nu, nu-l legăm, tună Nicovăţ. Şi cu asta am isprăvit pe ziua de azi. Consiliul se va întruni în trei săptămâni pentru o nouă dezbatere.

- Mai vedem noi până atunci, mormăi în barbă...

∞

Ivan Arnăutu întocmea aproape în fiecare zi scrisori pe care le trimitea în câteva locații secrete. Uneori schimba numele și faptele ca să iasă bine la socoteală. Îi trimise una și lui Achim să vină pe la Sinod, să stea de vorbă despre una și alta.

Un comandant al autorității putea fi văzut și el pe acolo făcând niște cercetări, cel mai probabil asupra lui Achim. Timpul Consiliului venise. Nicovăț începu pe un ton destul de serios.

- Sfinţiile Voastre, astăzi ca niciodată, avem un invitat special, în persoana domnului comandant care vrea să aducă câteva lămuriri în privinţa anumitor fapte. Vă rog, dacă aveţi ocazia, nu vă sfiiţi în a furniza informaţiile necesare.

- Dragi Părinţi, începu comandantul, au trecut ani de zile de când s-a întâmplat celebrul Jaf de la Catedrală, după cum este știut în popor și alte fapte rușinoase de care nu mai este nevoie să amintesc. După cercetările pe care le-am întreprins, cred că am găsit și făptașul. Aveţi idee cine ar putea fi?

- Cu siguranţă este Achim, răspunse Ivan Arnăutu. Numai el putea să facă astfel de fărădelegi, haideţi că l-am prins cu mâţa-n sac!

- Din ce informații avem și noi, spuse cineva cu jumătate de gură, cam el pare a fi.

Ceilalți se codeau, dar până la urmă, vrând-nevrând, toți îi rostiră numele lui Achim, chiar și Nicovăț. Comandantul își chemă oștenii în sală.

- Arestați-l pe acel netrebnic, cel care țipă cel mai tare că Achim e vinovatul. Aceștia îndepliniră pe dată porunca. Ivan Arnăutu era legat ca un tâlhar.

- Comandante, cred că este o greșeală. El este un membru al Consiliului și nu Achim, cel pe care îl căutați.

- Știu foarte bine cine este dânsul și nu este nicio greșeală.

Membrilor Consiliului nu le venea să creadă. Ceva nu se lega. Nu se putea ca Ivan să fie un borfaș.

- Dați-mi drumul imediat, netrebnicilor! Voi nu vedeți cu cine aveți de-a face?! Ce treabă am eu cu acest jaf? Și de ce nu l-ați arestat pe Achim și mă legați pe mine?

Comandantul, după o tăcere lungă îi răspunse parcă în șoaptă:

- Ehe, așa am crezut și noi și ani de zile am căutat pe o pistă greșită. Cunoaștem pe Achim foarte bine și după el ne-am ținut în tot acest timp, poate se scapă cu ceva. Dar nu a fost el. Am primit în tot acest timp multe scrisori de la tine, Ivane, în care îl acuzai pe el de toate cele. Insistența și numărul acestora mi-a trezit o mică bănuială. Și chiar povesteai cu lux de amănunte cum a reușit să dea această lovitură. Nu cred că e cazul să intru în detalii, haideți mai bine până în camerele sale să vedem dacă nu s-o găsi ceva pe acolo.

Toți erau curioși. Se putea așa ceva? Ajunseră cu toții într-o încăpere mare, unde într-un colț se afla un dulap ferecat.

Comandantul smulse cheia fără nicio ezitare de la gâtul împricinatului și deschise larg ușile. Ivan leșină. Totul se afla acolo.

- Ah, și cât le-am mai căutat! Cine ar fi bănuit vreodată că s-au aflat tot timpul aici? Ascunzătoare mai bună ca asta nu există. Am căutat prin peșteri, pe sub râuri, prin puțuri secate, pe la tot felul de *colaboratori*, chiar prin străinătățuri, pe la boieri, pe la oameni sărmani, și nimic. Nici măcar o iconiță, o cruciuliță, nimic! Scopul acestui individ a fost numai și numai defăimarea lui Achim. Ajunsese o obsesie pentru el. Mare e grădina Domnului! Haideți, luați-l! Și să mergem că în sfârșit ne-am terminat și noi treaba. Acum să vedem ce-or mai țipa gazetele. Rămâneți cu bine Sfinții le Voastre.

- Du-te cu Domnul, fiule!

- Știu că pare greu de crezut, dar să știți de la mine că Achim nu e chiar atât de negru precum îl vopsesc unii. Și când s-o putea am să vin să vă spun mai multe. Rămâneți cu bine!

Liniștea se așternu de la sine, fiecare se gândea la cele întâmplate. Într-un târziu, Gheraldin luă cuvântul.

- Fraților, așa lovitură de teatru, nu am văzut demult. Cine s-ar fi așteptat la așa ceva? După toate aceste întâmplări se pare că Achim încă rămâne un mister. Cu toții credeam că autoritățile stăteau cu sabia deasupra capului lui, dar chiar comandantul ne-a confirmat că nu este așa. Trebuie neapărat să mai vorbim cu dânsul să vedem ce informații mai poate să ne dea. Până atunci nu cred că mai avem nimic de făcut.

Știrea ajunse repede în gazete. Unii credeau, alții ziceau că e o făcătură. Că au prins pe cineva numai ca să dea bine în registre. Oricum vâlvătaia care se crease nu putea fi stinsă cu una cu două.

Trecură câteva săptămâni bune până când comandantul putu să vină în Consiliu.

- Ia spuneți-mi, Sfinţiile Voastre, cam ce credeți despre Achim?

Aceștia, prin vocea lui Eufrasie, îi spuseră totul de-a fir-a-păr, până și cele mai mici detalii despre acesta, chiar și Nicovăţ povesti întâmplările de la Seminar. Comandantul se încrunta ușor câteodată, alteori zâmbea în mustaţa stufoasă. După câteva ceasuri bune, toate informaţiile erau pe masă. Nimeni nu mai avea nimic de adăugat.

- Dragi Părinţi, aveți și nu aveți dreptate în ce mi-ați istorisit. Lipsesc câteva mici detalii pe care le voi împărtăși cu domniile voastre, cel puţin după perioada în care a fost prins de haiduci, că de atunci a început să ne intereseze și pe noi. Da, într-adevăr devine căpetenia acestora și își face un fel de organizaţie secretă, dar nu pentru a face rău, ci dimpotrivă. Ajută multe familii nevoiașe, ajută oameni sărmani cu haine și mâncare și chiar ne ajută și pe noi la prinderea micilor borfași. Aceștia furau până și cutia milei de prin biserici, iar icoanele și alte obiecte preţioase le vindeau chiar și pentru o sticlă de băutură. Achim cu oamenii săi, dacă am putea spune așa, monitorizează locurile în care aceștia atacau și mai cu o vorbă bună, mai cu un ciomag după ceafă, reușesc să recupereze toate acele obiecte. Această organizaţie, chiar și în prezent, se auto-susţine prin diferite surse de finanţare. Prin simple donaţii, diverse munci pe care le prestează, cel mai mult produce prin restaurarea icoanelor, tablourilor, picturii bisericești. Colaborează cu colecţionari și cu diverse galerii de artă. În sfârșit, toate aceste fonduri provin din surse curate și nu face nimic ilegal. Poate când era mai tinerel o fi atacat câțiva boieri care asupreau norodul, ne-am făcut și noi că nu vedem și am uitat aceste lucruri. Ce-a fost a fost și ce va fi va fi! Cât despre partea cu slujbele în aer liber, în primul rând, nu este domeniul nostru, legal vorbind, nu săvârșește nicio infracțiune și nu-i poți interzice unui om dreptul la liberă exprimare. Dacă e bun, dacă e sănătos, dacă ajută la ceva, sunt cei care ascultă care decid așa ceva. E mai degrabă tărâmul vostru și poate îl convingeți Sfinţiile Voastre să înceteze cu astfel de practici.

- Scuzați pentru întrerupere, domnule comandant, dar despre podgorie și ce s-a întâmplat pe acolo, ce puteți să ne spuneți?

- Din păcate, nu am informații complementare care ar ajuta cu ceva la elucidarea misterului. Cred și eu că este o dramă care l-a afectat destul de mult. Vedeți dumneavoastră, chiar și în rolul nostru, încercarea aflării adevărului trebuie să se facă până la un anumit punct. Când ajungem la o coardă sensibilă a sufletului, cel mai bine, ar fi să ne oprim. Și chiar dacă aflăm toată drama sufletului celui obidit, aceasta, în instanță, nu reprezintă nimic. Acum eu mă retrag că mai am și alte fapte de descusut. Rămâneți cu bine și oricând aveți nevoie nu ezitați să mă contactați. Rămâneți cu bine!

- Să-ți fie drumul ușor, fiule!

Asdian Cernica cuvântă.

- De fiecare dată aflăm informații noi despre Achim, contrazic ceea ce știam deja despre dânsul. Într-adevăr tăcerea a fost cumpărată și adevărul înadins schimbat. Acum înțelegem și de ce. Dacă nu ar fi luat, de-a lungul timpului, toate aceste precauții, poate azi ar fi cine știe pe unde sau ar fi înfundat ocna. Cum au lăsat alții în locul lui un pahar de vin și-un trandafir ca să se creadă că el este făptașul. Și cine știe cu adevărat prin câte încercări o mai fi trecut. Poate dânsul ar vrea să se ocupe numai de cele sfinte, dar, tot timpul, cum se zice, trebuie să te uiți cu un ochi la slănină și altul la făină.

- Eu cred că cel mai bine ar fi să trimitem vorbă către dânsul, să vină să stea de vorbă cu noi, față în față, ca bărbații.

- N-o să vină și nu că i-ar fi frică sau ceva de genu', dar nu crede că intențiile noastre ar fi cele mai inocente. Ani de zile nu l-am lăsat în pace și, deodată vrem să fie prietenul nostru. În plus are și alte idei despre organizarea Bisericii, despre slujbe.

- Cu atât mai bine, ideile diferite sunt mai bune decât ideile care susțin același lucru.

- N-o să vină, poate că aici e păcatul lui, e prea mândru pentru asta. Tot ce a făcut în viață a făcut singur-singurel și nu l-a ajutat nimeni. În plus, toată lumea a încercat să-i pună tot felul de piedici, chiar și noi făcurăm. De ce ar veni? Să ne strângem mâinile și să ne sărutăm pe obraji? Nu prea cred. Și poate că e mai bine așa.

- Ehei, cu duhul blândeții, chiar și acest *haiduc pământesc și spiritual* care, cu siguranță, are harul divin și cunoaște Sfintele Taine mai bine ca oricine, se înduplecă și va veni spre a ne convinge că *ortodoxia* lui, adică dreapta cale pe care a apucat-o este una corectă din toate punctele de vedere.

- Și dacă mai întocmește Nicovăț al nostru câteva rânduri bine ticluite amintind de prietenie și anii studenției, atunci avem o șansă reală.

„Frate drag mie, este prima dată când am curajul de a-ți scrie și de a te ruga să ne faci o vizită pentru a discuta despre diferite aspecte. Este doar o rugăminte și nu e nimic de ascuns sau fățarnic în această cerere. Poate vei fi aflat și dumneata ce s-a întâmplat cu Ivan Arnăutu, crede-mă pe cuvânt că și noi am fost la fel de surprinși de intențiile sale și nu are nimic de-a face cu deciziile Consiliului. A acționat de unul singur și tot ce-a întreprins de-a lungul anilor, a ținut secret și numai ca să-ți facă rău. Dar toate aceste s-au terminat, toate obiectele sustrase au fost găsite în cămările sale. Așadar, rogu-te când ai timp, în numele prieteniei noastre, fă-ne o vizită să discutăm în voie. Pe curând!"

Achim întorcea scrisoarea pe toate părțile, le-o dete și tovarășilor săi spre cetire.

- Păi nu te duce Achime, că cine știe ce capcană mai e și asta.

- Tot ce vine de la aceștia până acum, ți-a făcut mai mult rău decât bine, așa că, mai bine stai mătăluță aicea liniștit și să ne bucurăm împreună de viață.

- Da, dacă era de la altcineva nu i-aș fi dat chemare. Dar asta e de la însuși Nicovăț care mi-a fost cel mai bun prieten la Seminar. Îi cunosc și scrisu'și inima. Cred că nu s-a schimbat de-a lungul timpului. Așa că mă voi duce să văd ce au să-mi spună. Voi rămâneți aici și aveți grijă de toate cele. Dacă e ceva ce nu mai suportă amânare, dați-mi de știre. În rest, știți ce aveți de făcut. Rămâneți cu bine!

Timpul își continua eterna poveste. Stelele sclipeau fără frică, zilele treceau fără sfârșit. Focurile trosneau nopțile geroase, zăpezile se așterneau peste inimi și speranțe. Oamenii se ascundeau prin case sau petreceau până-n zori. Achim, după un lung drum și anevoios, ajunsese. Era obosit, dar pe de altă parte mulțumit. Consiliul fusese înștiințat.

- Dragă oaspete, îl întâmpină un citeț, am misiunea de a te găzdui în aceste încăperi și de a veghea asupra domniei tale, de a nu-ți lipsi nimic până mâine la prânz când ești invitat în Consiliu. Ce pot să fac pentru dumneata?

- Păi, adu-mi ceva de mâncare și o sticlă de vin că tare m-a obosit drumul ăsta și sunt flămând și însetat.

- De mâncare cât poftești, am pregătit bucate de post și cele obișnuite. Cât despre vin mă tem că lipsește cu desăvârșire din bucătăria noastră.

- Din bucătărie da, da' ia du-te tu frumușel în beci și caută prin lăzile de acolo că sigur vei găsi și din cele înfundate.

Acesta făcu întocmai. Spre mirarea lui, se aflau diverse sticle care de care mai prăfuite. Alese două la întâmplare, le șterse de praf și se prezentă.

- Bună alegere ai făcut, tinere, unul alb ca să alunece mâncarea și altul roșu să te prindă bine somnul. Mulțumesc pentru omenie!

- Cu mare plăcere, să aveți poftă!

A doua zi, Achim se pregătea și își puse și el straie mai alese. Citețul trebăluia pe lângă el. Când sosi ora prânzului, acesta îl conduse în Sala Mare a Consiliului. Toți se aflau deja acolo. Aceștia îl întâmpinară cu multă căldură și bunăvoință. Nicovăț îl strânse puternic în brațe.

- Îmi pare bine să te văd, fratele meu, parcă ai mai îmbătrânit nițeluș de când nu te-am mai văzut.

- Ei, dar parcă nici tu mai ești tinerelul conștiincios de odinioară care se speria de câte un examen de sfârșit de an. Anii au trecut peste noi ca vântul nopții sub cerul plin de stele.

Arhimandritul Ciprian interveni.

- Aproape că m-am jurat că nu te cunosc, dar văzându-te așa de aproape nu mai sunt la fel de sigur. Parcă, te-aș cunoaște, dar nu știu de unde să te iau. Fața ta îmi pare cunoscută, dar totuși nu cred că am avut onoarea.

- Ehe, Părinte, într-adevăr, să știi că ne-am mai întâlnit de-a lungul timpului, mai ales pe la mănăstirile greu încercate. Mai aduceam și noi ceva de-ale gurii de prin văile îmbelșugate. Poate mai umblam și eu deghizat în câte un ucenic sau în câte un călugăr bătrân pentru că lauda de sine nu miroase a bine. Dacă faci o faptă bună, fă-o, dar nu te mândri cu asta.

- Apoi, eu îți mulțumesc în numele stareților și tuturor călugărilor de prin mănăstirile noastre. Tare ne-ai fost de ajutor atunci când am avut mai mare nevoie. Au fost timpuri grele pentru cei de acolo, dar și cu ajutorul tău și al altora am trecut cu bine peste toate. Mila lui Dumnezeu este mare, dar dacă nu ar fi oamenii să acționeze, atunci aceasta nu s-ar înfăptui.

- Dar nu văd printre Domniile Voastre pe Ivan Arnăutu, *prietenul meu*, cel care îmi trimitea scrisori în numele autorităților sau al lui Nicovăț.

- Cum? În numele meu?!

- Da, și nu o singură dată. Da' stai liniștit, îți cunosc scrisul și tocmai de aceea am dat curs invitației de a veni aici. Câte scrisori am primit de-a lungul vieții, dacă le-aș fi dat crezare la toate, nu mă vedeam prea bine.

- Ei, Ivan al nostru, fără ca nimeni dintre noi să știe, îți purta pică. Motivele nu le cunoaștem dar, dacă e să ne uităm în urmă sunt ani de zile de când ar fi vrut să înfunzi ocna. În fiecare ședință pe care am avut-o repeta acest lucru. Este și unul dintre motivele pentru care am făcut o cercetare asupra ta ca să vedem pe unde se joacă adevărul.

- Da, cunosc pe Eufrasie, fără ca el să mă știe. Am și vorbit odată cu dumnealui, întrebându-mă despre niște întâmplări care nu se vor uita vreodată.

- Să nu fie cu supărare, Achime, dar noi n-am vorbit și e prima dată când stăm așa de aproape unul de celălalt.

- Ehe, așa îți place să crezi. Dar dacă ți-aș spune că poate nu aveam înfățișarea de acum și aduceam cu un moșneag pe jumătate orb și surd, stând de vorbă pe o băncuță în fața porții, într-un sat oarecare? Și cum viața are și ea ironiile ei bine ascunse, mă întrebai chiar de mine, luându-mă, așa pe ocolite să-i zicem. Ba chiar mi-ai făcut și un cadou, un brâu din piele care prinde bine la șalele bătrâneții. Apoi ți-am spus și eu ce doreai să auzi și vream să crezi. Și poate te-oi mai fi întâlnit de-a lungul cercetării cu niște cunoscuți ai mei, bineînțeles sub alte înfățișări, care-ți spuneau o poveste pe care până la urmă ai luat-o ca fiind adevărată.

- Dar... de ce ai făcut toate astea? Îl întrebă Eufrasie în timp ce își făcea trei cruci, una mai mare decât cealaltă.

- Un pic de precauție în viață nu strică niciodată. Și apoi nu știam în ce ape se scaldă Consiliul. Poate că acum are o nouă orientare care pare a fi cea corectă, dar înainte nu era așa, ba dimpotrivă. Am fost prigonit, mi s-au pus bețe în roate în ceea ce întreprindeam. Sau poate aș fi înfundat ocna dacă nu luam măsurile necesare. Cum a făcut Arnăutu când a lăsat trandafirul și paharul de vin la Catedrală, să creadă lumea că eu aș fi dat lovitura.

- Apropo, i se adresă Gheraldin, care este adevărata simbolistică a trandafirului și paharului, că eu m-am zăpăcit și nu mai înțeleg nimic?

- Apoi, dragi Părinți, am să vă spun ce și cum. Să-i spunem

că este un fel de semn, un fel de ștampilă. Mai înainte de timpurile astea, prin biserici și prin alte lăcașuri de cult se aflau multe obiecte de valoare care erau prost întreținute sau care cădeau pradă micilor borfași, acestea fiind vândute pe te miri ce. Eu și câțiva prieteni, ori le recuperam prin metode mai puțin ortodoxe, ori le restauram noi înșine și, după ce erau gata, le puneam la locul cu pricina. Paharul și trandafirul erau un fel de spaimă pentru micii răufăcători care nu mai îndrăzneau să atace știind, cu siguranță, că nu le va fi bine. În același timp, erau un fel de pecete pentru acel loc, știind că icoanele și alte obiecte vor fi restaurate și locul își va recupera strălucirea de odinioară. Și astfel toată lumea rămânea mulțumită. Și meseria se învață, se mai și fură, cum se zice. Oare nu e bine să-i oferi unui om fără carte, fără aptitudini, ceva care să-i fie folositor și care, într-un târziu, chiar să-i facă plăcere? Să zicem că oamenii mei, cei care restaurează tablouri, lăcașe de cult, poate înainte erau ușor înclinați spre bunul nemuncit, spre jocurile de cărți, spre petreceri și muieri ușoare. Este un drum ușor și frumos, dar cu timpul devine plin de pericole deoarece nevoile sunt din ce în ce mai mari. Cei care nu au vrut să mă asculte și au continuat așa, ori nu mai sunt printre noi, ori extrag sarea sub lovituri de bici încălțați cu fiare grele. Și chiar acel tablou, care se află aici în Sală este refăcut de unul dintre oamenii mei care acum are o adevărată pasiune și este foarte bun în ceea ce face.

- Acel care îl înfățișează pe Arhanghelul Mihail luptându-se cu balaurul? Nu se poate așa ceva, eu însumi l-am văzut pe Ioanid Damianul, fratele nostru, cum l-a adus și l-a pus la locul cu pricina.

- Știu că pare greu de crezut, dar chiar s-a întâmplat, răspunse Achim, schimbând o privire plină de subînțeles cu acesta.

Ioanid se duse către tabloul cu pricina, admirându-l în toată splendoarea. Razele soarelui parcă ieșeau din el luminând întreaga încăpere. Era de o frumusețe rară.

- Fraților, dacă a venit ceasul adevărului, e timpul să fac și eu o mărturisire. Eu cu Achim ne cunoaștem de ceva timp. Cunoașteți cu toții pasiunea mea pentru tablouri și pentru arta bisericească, în general. Am găsit această pânză, pe la un târg de vechituri, nici ramă nu avea și era îndoită și batjocorită în fel și chip. Apoi am căutat pe la cei care se ocupau, oficial, cu restaurarea. În primul rând, doar numele era de ei și apoi îți cereau atâți de mulți arginți pentru cât nu face. Din una în alta, din vorbă-n vorbă, pânza a ajuns la Achim care, pentru mult mai puțin de jumătate din cât îmi cereau acei negustori, mi-a făcut așa lucrare. Poate că arată mult mai bine ca pictura originală. Și așa, încet-încet, făcând diferite tranzacții de genu', am ajuns să ne cunoaștem și să ne prețuim. Niciodată nu m-a păcălit cu ceva sau să-mi ceară mai mult decât face, ba dimpotrivă. Și dacă vă rotiți bine ochii prin Sală, poate veți mai vedea vreo două, trei tablouri în aceeași lumină.

- Mare minune mai e și asta.

- Nu e nicio minune, Sfinția Ta, ci doar multă muncă și credința lucrului bine făcut.

Cernica avu și el o întrebare.

- Multe am auzit despre dumneata chiar și înainte să fiu membru al Consiliului. Zvonurile pe care eu le-am auzit nu prea se potrivesc cu povestea lui Eufrasie. Acestea vorbeau de o femeie care ți-a furat mintea, inima și chiar și sufletul. Și te-ar fi pus să alegi între ea și Sf. Biserică. Gurile rele spun că ar fi fost o vrăjitoare care se ocupa cu tot felul de blestemății. Nouă ne vine greu să credem așa ceva și de aceea întreb eu către tine, care este adevărul din spatele tuturor acestor zvonuri?

Achim se încruntă ușor.

- Ce păcătoasă este și gura lumii și cum schimbă faptele, iar dacă nu e ceva senzațional, apoi parcă nu e nimic. V-aș spune, dar adevărul este atât de banal, încât câteodată chiar și dezamăgește. Aceste s-au întâmplat demult și nu au nicio importanță acum. Dar pe de altă parte mi-au prins bine că, vrând-nevrând, a trebuit să învăț chestiunile oculte, ritualuri de purificare, magiile ce nu sunt de prin astă lume. Și nu strică să știi și astfel de lucruri că nu se știe niciodată cu ce te confrunți în viață. Îți trebuie și un pic de tărie de spirit astfel încât să nu aluneci pe niște căi primejdioase. Cărțile sfinte încearcă să explice aceste fapte extraordinare mai pe înțelesul omului de rând, chiar dacă nu reușește de fiecare dată. Prin simpla slujbă duminicală, omului îi sunt expuse o mulțime de secrete, fiind ușor de asimilat pentru oricine.

Discuția mai dură câteva ceasuri. Întrebări de o parte și de alta, lămuriri și zvonuri noi, parcă acum știau și mai puține despre Achim. La un moment dat, pe seară, Nicovăț luă cuvântul.

- Fraților, cred că ajunge pe ziua de azi cu câte întrebări l-am bombardat pe invitatul nostru, căruia i-ar trebui un pic de zăbavă. Mai rămâne pe la noi câteva zile și mai avem timp să stăm de vorbă. Eu mai rămân puțin cu dânsul, că tare mi-a fost dor de el și dacă l-oi mai revedea după alt amar de ani, atunci mai stau un pic pe capul lui, să nu pierd nicio clipă.

Ceilalți Părinți plecară. Citețul apăru ca prin farmec cu tot felul de bucate și cu vreo două sticle prăfuite.

- Fratele meu, nu îmi stă în obicei, dar astăzi voi închina cu tine un pahar de vin pentru această bucurie de a te vedea în carne și oase.

- Ei, în schimb, mie îmi stă în obicei sucul ăsta păcătos de struguri, dar parcă intră mai bine ca niciodată când revezi un vechi prieten care îți este atât de drag.

- Ia zi-mi Achime, ce mai faci tu cu adevărat, ce te apasă pe suflet sau dacă ești fericit?

- Pentru început, tare mă bucur să te revăd după atâția ani. Timpul trece mult mai repede decât ne-am aștepta și, din păcate, nu mai poate fi dat înapoi. Parcă, mai ieri, eram doi băietani plimbându-ne pe acele străzi, întrebându-ne despre oameni și Dumnezeu. Acum suntem pe cealaltă jumătate a vieții vorbind de aceleași lucruri. Chiar și Dumnezeu se schimbă odată cu lumea și timpurile. În teorie, nu este posibil, dar pe căile practice viața ne prezintă nenumeroase aspecte ale divinității.

- Ah, cât mi-au lipsit vorbele tale pline de duh. Mereu au avut o înțelepciune, o strălucire pe care, din nefericire, rar am întâlnit-o la confrații noștri. Chiar și de-a lungul timpului am întâlnit doar vorbe goale, citite de prin cărți sau de pe te miri unde, spuse de cei care se pretind mari teologi sau învățați. Ministerul ăsta al credinței pare că are mai multe lucruri rele decât bune. Acum am ajuns să-l cârmuiesc, sper că pot face și schimbările de care are nevoie.

- Apropo Nicovățule, dacă pot să te întreb, care ți-a fost viața după ce terminarăm Seminarul?

- Notele cu care l-am absolvit m-au ajutat în a primi destul de repede primul post în cadrul Bisericii. Apoi, încet-încet cu multă răbdare am început a urca treptele ierarhice până în ziua de azi. Dar să nu crezi că a fost ușor și nici nu a fost adevăratul meu scop. Mi-am dorit mereu o viață liniștită, fără prea multe bătăi de cap. Acum, însă totul e contrar a ceea ce mi-am dorit. Dar știu, pe de altă parte că doar așa pot face schimbările de care Biserica are nevoie în aceste momente și care nu mai suferă amânare.

- Și care ar fi acestea, prietene?

- Păi, mă iau pe mine ca exemplu. Într-un fel sau altul mi-a fost sugerat faptul că ar trebui să contribui cu arginți și foloase materiale celor care dețin posturile și cheile. Nu am vrut să fac acest lucru și, am avut numai de pătimit, dar niciodată nu am regretat decizia luată chiar dacă a fost foarte greu de a putea trece de toate piedicile ce mi s-au pus. Apoi am aflat că toți cei de vârsta mea făceau, cu bună știință, astfel de fapte. Și toți cei de dinainte au făcut exact aceleași lucruri. Este un sistem care s-a împământenit și care nu are nimic de-a face cu sfânta credință. Și am început să-l schimb de ceva timp. Să schimbi mentalitățile și ideile preconcepute, crede-mă, este un lucru foarte greu. Și aș mai avea câteva reforme ce trebuie făcute neapărat. Și să știi că mi-ar prinde bine cineva de nădejde care să acționeze direct și căruia să nu-i fie frică de ce va zice lumea. Ce zici? Vii să te înhami la această lucrare?

- Pentru tine, Nicovățule, aș veni cu mare drag și te-aș ajuta bucuros cu ce vei avea nevoie, dar am prea multe lucruri de care sunt legat, prea mulți oameni care au nevoie de mine și pe care n-aș putea să îi las de izbeliște. Este o propunere care înseamnă mult pentru mine și îți mulțumesc că te-ai gândit la mine. Dar, sper să mă înțelegi, am de-a face cu tot felul de oameni care n-au fost chiar buni creștini pe parcursul vieții și care, fără o supraveghere strictă și cuvinte de îmbărbătare ar putea aluneca foarte ușor în obiceiurile de altă dată.

- Te înțeleg, prieten drag, mult mai bine decât ai crede. Într-un fel sau altul știam că nu vei accepta pentru că ai o mulțime de chestiuni de făcut. De fapt, nici nu credeam că vei da curs scrisorii pe care ți-am trimis-o.

- Apoi, cum să nu vin că mi-era și mie dor de matale. Și când ți-am recunoscut scrisul mi-am dat seama că vorbele-ți veneau din inimă și nu era niciun fel de capcană de care trebuia să mă feresc. Să știi că sufletul ți-a rămas același și sper să rămână așa și de aici înainte.

- Ehe, sunt prea bătrân acum ca să mă mai ispitesc cu plăceri nevinovate. În schimb, am aflat și eu cum te puteai susține în cadrul Seminarului și de unde făceai rost de banii necesari. După cum spunea fratele Eufrasie „cocoanele cele grase și mai bătrâioare” aduceau norocul în casa matale.

- Apoi ce era să fac, prietene? Să renunț după câteva luni de zile din pricina banilor pe care nu-i aveam? Sau să mă apuc de tot felul de fărădelegi ca să pot face rost de bani? Cu o slujbă normală nu-ți ajungeau banii nici să-ți plătești dările către instituție, darămite să mai și trăiești. Și apoi, odată ce guști din păcat, greu te mai dezbari de dânsul. Am rămas și cu numele și cu păcatele. Și tot atunci au începu să-mi placă și vinurile scumpe și rachiurile fine. Și de femeile bine dichisite și cu un suflet ce amintește de îngeri, nici până în ziua de azi nu m-am potolit. Avui și iubiri adevărate ce amintesc de cele mai sfinte daruri divine. Poate au fost și iubiri interzise care nu s-au terminat prea bine.

Aș fi putut să mă căsătoresc cu dame care aveau o situație foarte bună și sărăcia și neajunsurile ar fi ieșit pentru totdeauna din viața mea. Dar nu le iubeam cu adevărat și, cu timpul, nu ne-am fi înțeles, poate am fi fost ca șoarecele cu pisica ce conviețuiau dintr-o inerție impusă de societate sau de moravurile epocii. Și apoi, dacă nu e iubire în viața noastră ce rost are să trăiești nefericit? Și nu vorbesc numai de iubirea dintre un Adam și o Evă, ci și de iubirea față de un aproape, de iubirea familiei, de iubirea divină și chiar și de iubirile interzise. Fericirea și iubirea trebuie să meargă mână în mână și nu separat, pentru că una fără alta nu are nicio valoare. Aoleu, prietene, m-am luat cu vorba și văd că de-abia mai ții ochii deschiși.

- Da, iartă-mă, plus că băui și vreo două pahare de vin, ceea ce n-am mai făcut de ani de zile. Și emoția revederii mă face să-mi doresc somnul ca cea mai de preț comoară.

- Păi, haidem atunci fiecare la culcare, eu îmi iau și doftoria asta cu mine să mă facă și mai bine.

- Noapte bună, Achime! Pe mâine.

- Noapte bună, Nicovățule!

Consiliul se întruni a doua zi, tot la prânz. Toți veniră cu bucurie și, parcă și cu mai multe întrebări pentru oaspetele lor. Gheraldin deschise discuția.

- Te rog să ne ierți,Achime, că-ți punem atâtea întrebări, dar suntem și noi curioși ca niște oameni bătrâni ce suntem. Eu m-am gândit aseară până târziu la ce știu despre matale și la cuvintele pe care ni le-ai adresat. Poate, în cele din urmă, deslușim și noi misterul care te înconjoară. Dar altceva mă frământă pe mine și anume, îți spun deschis, fără multe ocolișuri. De ce nu ții slujbele duminicale în vreo biserică și le ții în aer liber? Înainte credeam că ai ceva contra Bisericii, dar acum știu că nu porți pizmă sau că vrei răul nostru, ba dimpotrivă acum pricep cât se poate de limpede că ne-ai ajutat în fel și chip. Să știi că am asistat și eu la o slujbă a dumitale și, îți spun cât se poate de sincer, tare mi-a plăcut chiar dacă aveai o altă interpretare asupra Bibliei și a credinței în general. Nu ar fi mai bine pentru toți dacă ai săvârși Sfânta Liturghie așa cum se cade?

- Bănuiam că mă veți întreba acest lucru și sper să răspund cât se poate de clar. Când am simțit pentru prima dată această chemare, mijloacele mele erau modeste și nu aș fi putut înfăptui această lucrare. Să spunem că am avut un pic de noroc și am slujit aproape doi ani de zile sub alt nume și altă înfățișare toate slujbele. La început am fost bucuros, dar cu timpul mi-am dat seama că dogmele care erau impuse nu prea se regăseau în ceea ce știam și studiasem despre subiect. Era un fel de *serviciu* pe care îl prestam săptămână de săptămână, stropit din când în când cu câte un botez sau o înmormântare. Să știți de la mine că lumea vine la biserică de frică, că așa se face sau să se vadă cu altcineva din celălalt cap al satului. Să simtă cu adevărat o chemare a credinței celei drepte rar de tot se poate vedea. Veneau săptămânal câteva bătrânele cu tot felul de pomeni, câțiva copilași ce se zbenguiau de colo-colo și cam atât. Adevărul crud este că lumea nu mai vine la biserică din varii motive pe care sper să avem timp să le putem dezbate, să găsim adevăratul mijloc de a-i aduce pe calea dreaptă. Așa că, văzând toate acestea, m-am dus eu către oameni, cătându-i prin tot felul de locuri și vorbindu-le din inimă, cu cuvinte simple, despre Împărăția lui Dumnezeu și binefacerile acesteia. Dacă la început aproape că nimeni nu mă asculta sau li se părea prea simplu și ușor de înțeles, apoi, încet-încet, erau tot mai mulți cei care doreau să mă asculte. Și cum, de prin aceste încăperi nu aveam încuviințarea necesară, a trebuit să aleg spații deschise unde oamenii să poată veni în voie și fără niciun fel de constrângere. Poate este prost înțeles faptul că lumea nu venea la biserică din pricina mea, ceea ce nu este adevărat. Oamenii oricum nu se *mai* duceau dacă eram sau nu eram. Eu am putut să îi conving pe cei care nu călcau aproape niciodată pragul bisericii, pe cei care nu mai aveau nicio speranță și în special tinerii erau cei mai dornici în a mă asculta. Să-i aduci pe cei tineri să te întrebe chiar și dacă Dumnezeu există sau nu, e destul. Înseamnă că ceva s-a născut în ei. Și aceste nelămuriri și ipoteze trebuie cultivate cu grijă căci poate, într-o zi focul divin se va naște în interiorul lor. Și apoi vorba s-a răspândit rapid, cum că un om al lui Dumnezeu le înțelege și nevoile. Pentru ei a fost un fapt deosebit această întâmplare. Ar trebui să recunoaștem cu toții că nici noi nu îi mai înțelegem pe cei tineri și nici ei nu vor să ne mai înțeleagă cu ideile noastre demodate despre lumea în care trăim. Aproape că nu mai pridideam duminică de duminică câtă lume venea pe unde îmi anunțam venirea. Veneau și înainte și după, hai, să nu-i zicem slujbă, ci, mai degrabă, o expunere de idei despre religie, iubire și psihicul uman. Și timpul trecea și lumea era din ce în ce mai numeroasă și mai dornică de noi idei. Am avut și unii ochi care mă spionau și care nu-și doreau nicidecum să mai continui cu aceste expuneri. Am fost alungat, amenințat, hăituit, dar nu m-am lăsat deloc intimidat pentru că o făceam dintr-o cauză nobilă. Sentimentul că norodul are nevoie de tine și că tu chiar poți să-l ajuți cu ceva este greu de descris prin cuvinte ordinare. Și aș mai fi continuat așa viața întreagă deoarece eram tare mulțumit de ceea ce făceam și toți anii pe care i-am petrecut în studiu își revendicau adevărata menire. Dar, o întâmplare extraordinară m-a făcut să mă opresc pentru o anumită perioadă de timp, date fiind condițiile. Cred că Eufrasie v-a istorisit ceva din bucata asta de viață. Într-adevăr, am fost prins de o ceată de haiduci care se gândeau doar la câștigurile fabuloase. Și după cum se spune că întortocheate sunt căile Domnului am ales și eu să urmez această cale, chiar dacă nu mi-am dorit niciodată pentru mine această opțiune. Am vrut să văd unde duce și ce aș mai putea învăța din această lecție a absolutului. Totuși, ei erau niște oameni simpli, fără prea multe întrebări și fără să caute răspunsuri la întrebările vieții. Aș fi putut să scap de nenumărate ori pentru că nu precauția era piatra lor de hotar, dar nu am vrut. Mi-am zis că dacă pot cu acei oameni, apoi pot cu oricine. A fost o muncă titanică să-i fac să înțeleagă că mai este și altceva pe lume în afară de tâlhării, petreceri și umplerea burdihanului. Aproape niciunul dintre ei nu știa să scrie, să citească, darămite să mai facă socoteli sau alte lucruri care le puteau fi folositoare. I-am învățat pe toți, cu multă răbdare, să facă aceste ce nouă ni se par banale și fără prea mare importanță. Apoi, în câteva ocazii mi-au cerut părerea cum să scape basma curată sau să nu fie prinși cu mâna în sacul de făină. Văzând că povețele mele le-au fost folositoare au început să aibă încredere în mine și aproape că nu plecau niciodată *la faptă* fără să se sfătuiască mai întâi cu mine. Eu încercam să împac și capra și varza, adică răul făcut de aceștia să fie cât mai mic cu putință. Timpul trecu și aceștia nu mă mai supravegheau, dându-le cuvântul de onoare că nu am să încerc să fug. Și așa, din una în alta, am ajuns căpetenia lor, ei fiind cei care și-au dorit și altceva de la viață, poate că se și săturaseră de așa viață primejdioasă. Încet-încet am început să ne schimbăm îndeletnicirile și am apucat-o pe căi care nu mai aveau nimic de-a face cu tâlhăria și cu alte fărădelegi. Chiar și acum, după atâta vreme, încă ținem legătura și ne mai ajutăm unul pe altul cu ce este nevoie. Cam jumătate dintre ei au apucat-o pe căile nelegiuirii și nu prea le-a mers bine. Ceilalți s-au făcut oameni de treabă, pe la casele lor. Unul este tâmplar, altul s-a făcut pictor de biserici, vreo doi, trei și-au întemeiat familii și s-au făcut gospodari cu stare. Unii dintre ei mă urmează și în ziua de azi în diferitele *proiecte* pe care le întreprindem. Și au mai aderat mulți oameni noi la această frăție și fiecare ajută, după posibilitățile proprii, această comuniune de suflete. Este legea bunului simț cea care domină, a camaraderiei și dorința de a face fapte bune. Se face și un fel de *școală*, se învață un pic din toate ce-i poate fi folositor omului în viață. În sfârșit, nu vreau să vă mai plictisesc cu diferitele detalii ale acestei societăți. Cert este faptul că, după ceva timp, lumea dorea să mă asculte, avea nevoie de vorbele mele. Așa că m-am apucat din nou de a ține aceste prelegeri săptămânale, de data aceasta, dintr-o nouă perspectivă. Parcă se strânge și mai multă lume duminică de duminică din dorința de auzi și o altă părere.

- Multă înțelepciune se află în vorbele tale, frate Achim, și îți mulțumim că împarți și cu noi ideile tale despre viață și iubirea aproapelui. Aș avea și eu o mică obiecție, dacă se poate.

- Fii slobod, Părinte și să nu-ți fie teamă de-a destăinui ce te apasă pe suflet.

- Aici, noi cu toții suntem de acord în ceea ce privește credința și menirea acesteia în viețile noastre și respectăm cu sfințenie cele scrise și cele ce trebuiesc făcute fără să facem prea multă cercetare. Dacă așa e din moși-strămoși, apoi așa facem și noi. Această lege nescrisă o respectăm întocmai. Dar dumneata ai o altă abordare, aș putea spune chiar o altă credință. În plus de asta, mai și predici mulțimii Cuvântul cel nou. Și cu asta ideile noastre nu se contopesc întocmai. Luminează-ne și pe noi despre credința cea nouă pe care o propovăduiești fără încetare.

- Dragii mei Părinți, și înainte de începerea Seminarului m-am confruntat cu astfel de *diferențe*. Pe parcursul acestuia, nu mai vorbesc de câte ori am avut nenumărate discuții în contradictoriu cu diferiții dascăli ai acelor vremuri, în care mi-am aparat cu strășnicie punctul meu de vedere și care s-au terminat nu prea bine pentru mine din anumite privințe. Mai apoi, oamenilor simpli a trebuit să le vorbesc prin cuvinte ușoare ca să poată să mă înțeleagă. Vedeți dumneavoastră, omul se mulțumește ușor cu ceea ce este învățat și cu ce nu-i aduce prea multă tulburare. De la un timp, nu mai caută să mai descopere ceva nou, ci doar se mulțumește să viețuiască cu ce a acumulat până atunci, pe diferitele căi ale cunoașterii. Și așa se scriu diferite cărți, apar dogme și diferite ritualuri care se îndepărtează de la scopul inițial. Apoi vin alții care le iau de bune și adevărul se îndepărtează și mai mult. Și odată cu trecerea timpului adevărul absolut nu mai poate fi aflat nicicum. Așa suntem și noi acum când aproape că nu mai înțelegem nimic din cele sfinte, darămite poporul de rând, îi este imposibil. De aceea, de-a lungul vieții, am căutat de a mă apropia cât se poate de mult de sursa inițială. Și nu mi-a fost deloc ușor de a încerca a înțelege pe unde se află ascunsă adevărata învățătură. Mi-am procurat cărți rare și am avut trăiri intense care mi-au luminat o bucată de necunoscut. M-am retras de nenumărate ori din lume, am pustnicit în chip voit pentru a înțelege o altă parte a misterului ce ne înconjoară. Având anumite vise și experiențe ce stau mai presus de sfera de înțelegere ordinară mi s-a mai arătat o altă fațetă a lumii. Punând cap la cap toate aceste, meditând îndelungat am început a înțelege într-un chip nou ce ne este transmis din generație în generație. Adevărul este denaturat în fel și chip, cine nu mai înțelege născocește o altă poveste ca să nu pară ignorant, unele ritualuri nu se mai pot reprezenta cu aceeași forță pe care au avut-o la începuturi. Și astfel credințele se pierd, aici nu vorbim despre credința noastră, a acestor meleaguri binecuvântate, ci în general. Poate că nici cei care ar trebui să aibă înțelepciunea necesară descifrării diferitelor coduri de acces nu mai sunt așa de mulți. Și așa, esența inițială dispare și odată cu ea și puterea noastră de înțelegere.

Și au mai urmat ceasuri întregi de lungi discuții și lămuriri, de întrebări fără răspuns, de câte și mai câte.

- Fraților, haideți să ne oprim pe ziua de astăzi că prea mă doare capul în încercarea de a înțelege doctrina lui Achim.

- Iartă-mă, Părinte, dar nu este niciun fel de doctrină, ci, mai degrabă, o regăsire a libertății firești...

- Of, iartă-mă tu, Achime, dar nu te mai pot asculta. Simt cum mă frige pe la tâmple.

- Nicio grijă, Părinte. Eu mai rămân un pic cu Nicovăț să mai vorbim un pic de ale noastre. Pe mâine!

Ceilalți plecară unul câte unul. Făcându-și unul altuia niște semne discrete, se reuniră într-o mică încăpere ce nu era luminată.

- Fraților, am păcătuit și eu cu un pretext de durere de cap. De fapt voiam să rămânem între noi, să discutăm câte ceva.

Cu cițetul care are grijă de ei, Achim și Nicovăț stau până la două noaptea depănând amintiri din anii tinereții sau discutând filosofiile cele mai întortocheate. Așa că putem vorbi în voie fără teamă că ne vor auzi.

- Dar ce este Părinte? Credeam că Achim ți-a lăsat o impresie bună și acum parcă complotăm cum să-i facem felul.

- O, dar nu, Sfinția ta, tocmai de asta voiam să vă vorbesc. Mie, Achim îmi pare un om de ispravă. Nu se teme de nimic și-și ține cuvântul dat orice ar fi. Și ați văzut și voi cât de profund este în gândire, mai ales în tema credinței cele sfinte. Și parcă chiar mă ia durerea de cap gândindu-mă la tot ce zis. Și cum ne lipsește un membru în Consiliu, eu l-aș propune pe dânsul, simt că are puterea de a duce la bun sfârșit un lucru odată început. Așa îi facem o surpriză plăcută și lui Nicovăț. Ce ziceți?

- Ptiu, bată-te să te bată, ce m-ai speriat! Și pe mine m-a impresionat profund modul lui de gândire. Când ne-ai făcut semnele acelea să rămânem doar între noi am crezut ce e mai rău. Dar văd că m-am înșelat și bine îmi pare. Sunt întru totul de acord cu propunerea ta. Cred că e cel mai potrivit om pe care l-am putea găsi. În plus, mai e și prieten vechi cu Nicovăț și lucrurile vor merge mână în mână. Știm cu toții că multe trebuie schimbate și tocmai de la rădăcină.

- Da, da, și noi suntem de aceeași părere. Să vedem acum dacă și acceptă propunerea noastră.

- Să mă lăsați pe mine să vorbesc primul mâine, știu pe unde să îl iau și ce să zic. Noapte bună, fraților!

- Noapte bună, Sfinția Ta!

Ce-au mai vorbit Achim și Nicovăț până în noapte târziu

poate nu vom afla niciodată. Stelele sclipeau cu o putere uimitoare. Ziua uita să mai cadă.

A treia zi, Consiliul se reuni iară. Era un fapt excepțional ce rareori putea fi văzut.

- Dragi Părinți, compania domniilor voastre este tare plăcută și mi-ar plăcea să pot a sta pe aici mai mult timp. Dar trebuie să mă duc și eu la ale mele griji. Așa că mâine în zori, când o da prima geană de lumină, voi fi plecat.

- Dar unde te grăbești așa, prietene? Cine știe, poate vei mai sta pe la noi ceva timp.

Achim și Nicovăț schimbară în fugă o privire, amândoi încruntându-se ușor. Asdian Cernica continuă.

- A, să nu crezi că este ceva rău. Este doar o rugăminte pe care aș dori să ți-o fac. Dar înainte de asta o ultimă nelămurire aș mai avea și știu că prin experiența și curajul de care ai dat dovadă m-ai putea lumina și pe mine și pe ceilalți frați aici de față. Este vorba de talentul tău înnăscut de exorcist. Cum ai putut să învingi puterile întunecate când nici cei mai buni oameni pe care i-am avut nu au putut să o facă?

- Nu-mi stă deloc în fie să mă laud, dar n-a fost deloc ușor. Poate mă mai încearcă șipe mine un fel de mândrie din când în când, cu toate că nu ar trebui. Dar de, fiecare își învinge proprii demoni sau se lasă asuprit de aceștia. De mult, când am slujit pe la o vrăciță și am învățat multe lucruri folositoare despre vindecare și puterea iubirii, atunci mi-a fost descoperit acest dar de la Dumnezeu și anume că am puterea de a-i alunga din corpul și mintea celor posedați pe cei care intrau prin viclenie și hoție. La început erau spirite mărunțele care puteau fi îndepărtate doar prin citirea Molitfele Sf. Vasile sau doar cu apă sfințită. Dar apoi am întâlnit anumite cazuri care nu mai mergeau vindecate cu metodele, să le zicem așa, tradiționale. Spirite puternice lua locul și furau sufletul ducându-l într-o lume obscură și rău famată. Și a trebui să învăț și alte ritualuri, să descopăr și alte metode pentru alungarea celui rău. M-am documentat, am mai vorbit și cu unii care mai avuseră de-a face cu așa ceva, am citit cărți de magie. Mi-am procurat diverse ustensile care par mai degrabă să aparțină unui vrăjitor decât unui exorcist. Dar să știți că mi-au fost tare de folos în momentele cele mai grele.

- Dar cum ai știut să reușești alungarea celui viclean mai ales atunci la Marea Exorcizare?

- Într-un fel sau altul nu am știut, ci doar am avut o bănuială cum ar fi bine să fac. Să spunem așa, am combinat magia cu credința, frica cu stăpânirea de sine, inovația cu ritualurile vechi. Și am reușit de fiecare dată. Se pare că mi-am făcut și un fel de nume în această lume tenebroasă, aceste spirite blestemate se sperie numai când aud numele meu. Ei, vedeți, chiar și fără să vreau, că mândria își face loc în vorbele și faptele mele? Dar hai, mai bine să nu mai amintim de aceste necurățenii și mai bine zi-mi ce propunere îți trece mătăluță prin gând.

- Ei, aș mai fi vrut să vorbim despre una și alta, dar dacă nu mai am scăpare îți voi spune pe șleau. Eu și colegii mei de față ne-am gândit, așa, la ceas de seară că nu ne-ar strica printre noi o minte așa sclipitoare și un braț puternic pe care să putem conta la nevoie. Și cum un membru al Consiliului a vrut să-ți facă tot răul din lume ne simțim un pic prost față de dumneata și am dori să reparăm această greșeală ce nu-și are cătarea în inima noastră. Iar cum de conducătorul nostru de drept te leagă o imensă prietenie, ai putea să fii mâna lui dreaptă și noi te vom asculta cu plăcere. Două capete care trag în aceeași direcție înfăptuiesc foarte multe lucruri de seamă, dar dacă unul e hăis și altul cea apoi se alege praful.

Achim și Nicovăț schimbară în fugă o privire, dar de data asta nu se mai încruntară, ci dimpotrivă.

- Ei, dragii mei confrați, eu din această propunere sinceră pe care o aveți simt că se naște o mare prietenie. Chiar dacă toată lumea își dorește și poate ar fi cel mai bine pentru sufletul meu, din nefericire, nu pot să accept această propunere care izvorăște din inimile voastre. I-am explicat și lui Nicovăț motivele mele, să știți că am primit și de la dânsul o propunere asemănătoare. Să spunem că am alcătuit o rețea rudimentară filantropică care este destul de fragilă și dacă o singură cărămidă din această construcție cade, sau nu stă bine la locul ei, atunci tot ansamblul se duce de râpă cât ai bate din palme. Oamenii pe care îi am sunt de încredere, dar sub pericolul unei tentații firești și având un trecut un pic mai zbuciumat, își pot croi un drum care nu duce nicăieri. De aceea, trebuie să fiu mereu printre ei, să-i ajut la nevoie și să fac tot ce pot pentru ei. Și cei pe care noi îi ajutăm, oameni într-adevăr sărmani, sau sufletele bătute care și-au pierdut orice speranță, depind de acest mic ajutor și orice greșeală din partea noastră le-ar putea fi fatală. Sper că acum puteți înțelege că nu pot da curs propunerii dumneavoastră. Așa, pentru câteva zile, slavă Domnului, pot veni bucuros știind că voi întâlni numai prieteni.

- Cu mare plăcere te așteptăm și poți veni oricând fără a mai aștepta o invitație scrisă din partea noastră. Ne-ai făcut să înțelegem, în așa scurt timp multe lucruri, pe care, poate, ne-ar fi trebuit câțiva ani buni să le descoasem.

Și discuțiile au continuat până la ceas de seară. Printre emoțiile despărțirii și promisiunile făcute îmbrățișările nu mai conteneau. Achim și Nicovăț mai rămaseră pentru o vorbă. Cițețul își făcea și de data aceasta datoria într-un mod exemplar.

- Timpul trece repede mai ales atunci când îl petreci cu plăcere. Acum s-au lămurit și membrii Consiliului că nu ai nimic rău împotriva noastră. Eu știam de mult acest lucru, dar trebuia să se convingă ei înșiși de această stare de fapt. Și încă mai trebuie să se convingă și de alte lucruri, dar trebuie mult timp și multă răbdare. Am să încep această *Reformă* imediat după plecarea matale și poate chiar de prin aceste încăperi trebuie făcută un pic de curățenie.

- Ehe, frate Nicovăț, poate îți va fi mai greu cu această nouă abordare decât mi-a fost mie vreodată. Să încerci să schimbi un om nu poate fi făcut de pe azi pe mâine, darămite să schimbi un sistem care a luat-o la vale pe o pantă greșită. Orice care se încheagă ca o organizație, chiar și având cele mai bune intenții, își construiește și o parte tulbure și care, pe parcursul timpului, devine tot mai greu de stăpânit și îndreptat.

- Știu și eu aceste, dar cineva trebuie să înceapă de undeva. De data aceasta, timpul nu mai este de partea noastră. Va fi o nouă reuniune a Consiliului peste trei săptămâni când ne vom sfătui și în care sper că vom lua deciziile potrivite.

- Îți doresc multă putere de muncă în ceea ce vei avea de făcut. Să știi de la mine că dacă ai parte și de un dram de noroc atunci înseamnă că ești pe drumul cel bun. Norocul este un semn pe care ni-l trimite divinitatea.

- Ar fi fost foarte bun și sprijinul tău, dar, stai liniștit, înțeleg că și tu ai foarte multe de făcut.

Discuția a continuat mult după miezul nopții. După o promisiune legată de ani și revederi își luară rămas bun, parcă cu o lacrimă în colțul ochilor. Stelele își spuneau în continuare eterna poveste.

∞

Consiliul se reuni. Nicovăț nu ezită în a lua cuvântul.

- Stimați colegi, ne-am reunit astăzi pentru a ne sfătui și a pregăti măsurile necesare și, să le zicem așa, *sensibile* care poate vor deranja pe alți confrați de-ai noștri. Dar înainte de toate, să nu uităm, suntem doar șase și ne mai trebuie un membru. Eu m-am gândit la cineva, dar vă las pe domniile voastre mai întâi să propuneți.

Urmară, timp de vreo două ore, tot felul de nominalizări, care de care mai nepotrivită.

- Iartă-ne, Nicovăț, dar nu găsim pe nimeni demn de această funcție. Toți cei la care ne-am gândit au o anumită vârstă și pe cei tineri nu prea îi cunoaștem, cu toate că, poate ne-ar trebui și cineva căruia viața îi surâde din plin. Dar mai bine spune-ne la cine te-ai gândit?

- Am să vă spun, dar propunerea mea vi se va părea cel puțin hilară, la început să zicem, sau poate veți zice că mi-am pierdut mințile. Este cineva pe care îl cunoașteți cu toții, mai bine decât credeți și care v-a ajutat de fiecare dată când ați avut nevoie.

- Hai, nu ne mai fierbe și zi cine este.

- Păi, să nu fie cu supărare, sunteți pregătiți?

- Suntem, răspunseră toți în cor.

- Cițețul Andrei!

Stupoare în Sală. Toți erau așa de mirați încât nimeni nu putea să zică nimic. După o lungă pauză, cineva reuși să îngaime.

- Cițețul Andrei? Cum, acel tânăr care chiar în acest moment aranjează acele candelabre?

- Nicovăț dragă, propunerea ta este serioasă sau este un fel de glumă?

- Este cât se poate de serioasă.

- Nu poate fi așa ceva, apoi Andreiuș al nostru nu cred că este destul de copt pentru așa ceva.

Urmară tot felul de argumente legate de vârsta și studiile acestuia.

- Fraților, acum hai să vă spun și de ce m-am gândit și v-am făcut această propunere neobișnuită. În primul rând, el deja știe mai bine decât oricine cum merg treburile pe aici. Dacă cineva vine în audiență cu cine vorbește prima dată? Cu Cițețul Andrei. De câte ori nu ați apelat la dânsul cu tot felul de hârtii și de fiecare dată a făcut tot posibilul să vă rezolve. La cine vă duceți prima dată când plecați pe undeva să vă aranjeze toate cele de trebuință? Cine primește toate scrisorile, cererile, declarațiile și le aranjează așa cum trebuie? Chiar zicea cineva că ne trebuie un membru mai tinerel, un suflu nou. Și cum timpul este de partea lui, el va crește în înțelepciune printre noi și va avea numai de câștigat. Și, cred eu, cea mai importantă este atitudinea sa. Nu este dată care să nu ajute cu ceva și nu numai pe noi, dar și pe toți cei care vin la dânsul cu o anumită problemă. Ați observat poate și voi când îl chemi îți răspunde mereu „Cu ce pot să te ajut, Sfinția Ta?" și nu zice asta doar ca să dea bine, ci acest dar chiar izvorăște din inimă. Rareori poți vedea pe parcursul vieții pe cineva care are dorința sinceră de a te ajuta. În afară de asta, nu vorbește cu nimeni ce nu trebuie și este, cu totul, un băiat tare la locul lui. Și, dacă noi nu îl vom ajuta să-și ia zborul atunci cine o va face?

- Da, da, acum parcă văd și eu faptele în altă lumină. Nu degeaba ești conducătorul nostru și al Consiliului. Cu toate că unii suntem mai în vârstă ca tine, înțelepciunea și puterea ta de a judeca drept le întrece cu mult pe ale noastre. Văzând cum stau lucrurile sunt de acord cu propunerea ta și, dacă stau să mă gândesc mai bine, parcă îmi pare rău că nu l-am propus eu. Dacă ați ști de câte ori m-a ajutat Andreiaș al nostru cu toate cele, i s-ar cuveni mai mult de atât.

- Eu încă mă minunez, dar sunt și eu de acord. Avându-l tot timpul printre noi ne-am obișnuit așa de tare cu ajutorul lui încât, de multe ori, nici nu-l mai rugăm să facă un anumit lucru, ci face totul de la sine, negreșind niciodată cu nimic față de noi.

- Și noi suntem de acord și parcă simt că este cel care ne lipsea. În plus îl cheamă și Andrei și, cum vrem să pornim pe un drum nou, este un semn bun.

- Deci, avem unanimitate?

- Da, răspunseră bucuroși toți în același timp.

- Andrei, Andrei, țipă careva, rogu-te, vino un pic încoace să schimbăm două-trei vorbe.

- Cu ce pot să vă ajut Sfințiile voastre?

Aceștia râseră cu poftă. Cititorul era nedumerit.

- Iertați-mă, am făcut ceva ce nu trebuia?

- Din câte știm noi nu.

- Păi și atunci de ce m-ați chemat?

- Să stăm de vorbă, doar ți-am spus.

- Sfințiilor Voastre bag de seamă că vă arde de glumă și pe mine arde cămeșa de câte am de făcut. Adineauri au venit actele de la Episcopie și sunt atât de multe de cred că îmi va lua vreo două zile numai să le pun pe căprării. Apoi trebuie verificate și trimise fiecare unde se cere. În afară de asta, trebuie făcută și lista cu audiențe care, în ultimul timp, sunt din ce în ce mai numeroase. Și alte trebi cărora le știu rostul și care nu mai suferă amânare.

- Dar de ce vorbești din picioare și de la distanță? Apropie-te oleacă și chiar stai aici pe scaun că poate oi fi și tu obosit

- N-am voie să mă așez, este rezervat doar unui membru al Sf. Consiliu după cum prea bine știți.

- Apoi, suntem aici între noi, nu te vede nimeni.

- Dar, interveni cineva, n-o fi foc. Să zicem că vrem să ne ajuți într-o anumită privință și cum, câteodată, pereții au urechi, n-am vrea să se audă, înțelegi tu.

Cițetul până la urmă se așeză. Se simțea stingher să fie la Sfânta Masă cu membrii Consiliului. Ținea ochii în pământ si voia să se facă cât mai mic.

- Andreiuș tată, ne-am gândit și noi la ceva. Poate îți va părea un pic ciudat, așa cum li s-a părut și celorlalți membri când i-am întrebat dacă e bine sau nu. Tind să cred că este cea mai bună variantă pe care o puteam găsi. Nu mai sta cu ochii în pământ și privește-ne, fără sfială, față în față.

- Despre ce este vorba, Sfinția Ta?

- Știi, fără doar și poate, ce s-a întâmplat cu Ivan Arnăutu?

- Știu, bineînțeles, aud și înțeleg chiar mai mult decât aș dori.

- Deci, ne lipsește un membru și orice hotărâre pe care o luăm nu are și o valabilitate juridică. Musai trebuie să găsim pe cineva. Avem și noi o întrebare către tine, oare știi cumva pe cineva care ar fi demn să se așeze pe acest scaun?

- Dar dacă e Andrei deja așezat, interveni cineva, atunci nu mai trebuie să căutăm.

- Ah, ce vă mai place să glumiți pe seama mea, dar, iertați-mi îndrăzneala, parcă nu aș avea curajul de a spune la cine m-am gândit.

- Hai, spune fără frică.

- Mi-e un pic așa, poate nu o să vă placă.

- Hai zi, cine ar fi?

- Părintele Achim.

- Achim? Ești sigur de propunerea ta?

- Da, sunt. Și am să vă spun și de ce. În cele trei zile în care am avut onoarea și plăcerea de a-l servi impresia pe care mi-a făcut-o a fost una foarte puternică. Zvonurile și poveștile care circulau despre dânsul le știam și eu, la fel cum le știați și domniile voastre. Dar, în acest scurt timp, am putut să văd pe omul din spatele cortinei, să-i citesc în suflet doar bunătate și bunăvoință și nu toate grozăviile care circulă despre dânsul. De fapt, este un om simplu, care nu se mândrește absolut deloc cu cunoștințele sau faptele sale, care nu sunt deloc puține. Și din puținele vorbe schimbate mi-am dat seama că înțelepciunea, voința și curajul dânsului ar putea ajuta Consiliul.

Arhimandritul Ciprian interveni.

- Tinere, să știi că propunerea ta îți face cinste. Dragă Nicovăț, dacă mai aveam o urmă de îndoială referitor la persoana potrivită, aceasta s-a spulberat odată ce am ascultat vorbele lui

Andrei. Acestea dau dovadă deja de o judecată frumoasă și, cultivată cum trebuie, va da o reprezentație frumoasă pe tărâmul cunoașterii de sine.

- Eu tot nu înțeleg despre ce e vorba, spuneți-mi și mie rogu-vă, că timpul mă apasă prea tare.

- Andreiuș tată, îți voi vorbi sincer și fără prea multe ocolișuri. De fiecare dată când am avut nevoie de ceva, oricât de neînsemnat sau de greu ar fi fost pentru mine, tu m-ai ajutat. Și nu doar pe mine, ne-ai ajutat pe noi toți, deci ai ajutat Consiliul. Și de data asta Consiliul are nevoie de tine. Și cum ești deja așezat pe scaunul care trebuie ne mai trebuie o scurtă încuviințare, chiar și un semn cu capul e bun.

- Adică să fiu...nu se poate așa ceva, poate n-am înțeles eu bine.

- Ba da, Andrei, ai înțeles foarte bine.

- Nu, Sfinţiile Voastre, nu pot să accept așa ceva. În plus, nici nu am studiile necesare și nici legea noastră nu o permite. Decinu se poate și pace.

- Ei, dragul meu, studiile le poți face și pe parcurs. Cât despre lege, ea, la nevoie, trebuie adaptată situației. Dacă am învățat ceva cu adevărat de la Achim ar fi faptul că adevărata lege care trebuie urmată este cea a inimii neînfricate care-și urmează hotărârea fără pic de îndoială. Dacă ar fi fost după legea lumească, cine știe, poate Achim nu ar fi avut niciodată posibilitatea de a studia într-o instituție oficială. Și această lege dacă nu e făcută pentru om atunci ea nu are nicio valoare. Așa că dragă Andrei, *legea ta* ți-ai câștigat-o prin puterea inimii și a bunăvoinței de care ai dat dovadă în orice situație. Deci, avem un răspuns?

- Nici dacă aș vrea nu aș putea. Nu mi se pare echitabil ca eu să iau locul cuiva care are toate actele și așteaptă ani de zile să facă pasul cel mare.

- Ei, cunoaștem noi și pe aceștia și cam ce mijloace folosesc în drumul lor pentru a ajunge în anumite funcții. Noi vrem să facem niște schimbări în acest sens. Îți spun cât se poate de sincer, Consiliul are nevoie de tine și nu de altcineva, rogu-te, primește această povară și ajută-ne în întreprinderile pe care le vom înfăptui.

După minute bune de gândire, Andrei, cu o scurtă înclinare a capului, încuviință. În același timp îl podidi plânsul. Și erau lacrimi mari și grele care curgeau din suflet. Parcă străluceau în lumina ce cu greu pătrundea și toți se simțeau mișcați.

- Îți mulțumesc, Andrei, pentru curajul de care dai dovadă. Numai uniți putem face ca totul să meargă în direcția bună.

- Dacă înainte vorbele sale spuneau deja multe, apoi aceste lacrimi pure ce curg cu nemiluita spun și mai multe și cred că înțelegeți cu toții ce vreau să spun. Inima îi este mai curată ca floarea de primăvară, sufletul mai pur ca unui înger, mintea mai înțeleaptă decât a multora.

Toți îl îmbrățișară cu drag. Acesta, vizibil emoționat și de-abia ținându-se pe picioare își ștergea ultimele lacrimi. De vorbit, încă nu o putea face.

- Fraților, Consiliul s-a refăcut și are din nou toată puterea, chiar și pe cea administrativă. Și acum haideți să ne apucăm de treabă să vedem cam cât este de mare putregaiul ce sălășluiește și se hrănește chiar cu sângele nostru. Cam bănuim cu ce avem de-a face. Dar să vedem cu ochii noștri e cu totul altceva. Eu m-am gândit așa: voi merge eu însumi pe la Seminar și prin alte locuri ce se vor sfinte și pline de învățătură să văd ce și cum. Dar nu așa să mă recunoască lumea, ci mă voi deghiza, de, am avut și de la cine învăța. Și mi-l iau cu mine pe noul nostru coleg, pretinzând că este fiul meu.Și ca un tată grijuliu, voi dori ca băiatul meu să prindă un loc cât mai călduț și astfel voi afla de toate taxele, cadourile și atențiile necesare. Și când vom fi aflat toate cele vom avea o altă ședință să discutăm măsurile drastice pe care le vom lua. Tăiem în carne vie, oricât de dureros ar fi și toți cei care se fac vinovați vor avea parte de judecată aspră și dreaptă. Că dacă nu se știe un pic de frică, apoi răul revine și mai parșiv și se strecoară și mai adânc. Ce zici, fiule, vii cu mine?

- Da, tată, vin, răspunse Andrei fără nicio ezitare.

Râsetele izbucniră pe dată. Buna dispoziție și armonia se aflau prezente cu vârf și îndesat.

- Dacă e așa, mi-o iau și eu cu drumul pe la mănăstirile mele să cercetez oleacă. Am auzit sau umblă vorba că s-ar întâmpla chiar și pe acolo unele lucruri necurate, dar niciodată nu le-am luat seama sau nu am vrut să le cred, prea mi se păreau nepotrivite. Dar acum, dacă stau bine să mă gândesc parcă m-ar încerca ceva bănuieli și pe unde ar fi mai bine să caut. Le voi afla eu pe toate, n-aveți nicio grijă și, chiar și la anii mei, poate mă voi deghiza și eu în altcineva, că tot e la modă această îndeletnicire.

Râsetele izbucniră din nou. Așa întruniri să tot fie.

- Nici eu nu vreau să mă las mai prejos, se mărturisi Ioanid Damianul, și știu ce am să fac. Am și eu anumite cunoștințe despre fapte care nu se potrivesc întocmai cu înțelepciunea străveche pe care noi suntem datori să o păstrăm și să o transmitem în scris și pe cale orală generațiilor viitoare.Și, pe departe, cunosc și anumite persoane care au apucat-o pe aceste căi greșite.

Am să mă apropii încetișor și voi face o cercetare amănunțită, dar fără ca cineva să-și dea seama pentru ce mă învârt pe acolo.

Eufrasie interveni și el.

- Atunci îmi voi lua și eu oamenii mei pe care știu sigur că mă voi putea bizui și vom purcede la drum, întrebând în stânga și-n dreapta, străbătând ținuturile în lung și-n lat, ne vom duce chiar și-n cătunele cele mai pierdute și mai ales pe la oamenii care sunt sărmani de prea multe biruri lumești și spirituale. Astfel, vom aduna o mulțime de informații care ne vor fi folositoare când va da Domnul să ne vedem iară.

Protopopul Gheraldin, după cum îi era obiceiul, cuvântă cu glasul său domol.

- Mi-a venit și mie o idee cam ce ar trebui să fac pentru a obține ceea ce avem nevoie. *Cu duhul blândeții* se pot afla mult mai multe decât cu vorba aspră sau fel și fel de amenințări. Am auzit și eu de multe fapte păcătoase înfăptuite de reprezentanți ai Bisericii, dar parcă nu am vrut să cred. Poate că prea am închis ochii de prea multe ori și acum vedem aceste consecințe, întocmai ca bulgărele de zăpadă care se rostogolește și se face din ce în ce mai mare. Voi face întrebările necesare, voi mai sta de vorbă cu cine trebuie și, cu răbdarea și înțelegerea necesară, adevărul care ne trebuie va fi aflat.

- Domniile voastre se pare că se pregătesc de drum. Cineva trebuie să rămână și pe aici și eu voi fi acela. Și astfel, cu un pic de tact poate voi afla anumite fapte care s-au întâmplat și care se întâmplă chiar acum sub ochii noștri. Știu că pare greu de crezut, dar unele bănuieli aș avea și eu, știți cum se zice de unde se împute peștele. Și așa cât sunteți plecați, voi avea grijă pe aici și voi avea timp să fac și cercetările pe care le cred de cuviință.

Nicovăț, aproape cu lacrimi în ochi, se mărturisi.

- Știam eu că mă pot bizui pe voi, dar parcă n-aș fi sperat ca toți să fiți trup și suflet pentru această cauză. Vă mulțumesc fraților pentru acest ajutor și cu binecuvântarea Domnului să facem treabă cât mai bună. Și cu cât ne apucăm de lucrare mai repede cu atât mai bine. Așadar, faceți ce aveți de făcut, lăsați totul în ordine și să băgăm și un pic osul la muncă, că prea multă tihnă poate că nu e bună chiar tot timpul.

Aproape că plecaseră când cineva aruncă o întrebare.

- Și cu Achim cum rămâne?

- Cum să rămână, ca înainte.

- Adică mă refer la slujbele duminicale la care norodul va veni în număr din ce în ce mai mare...

Nicovăț, după un bun timp de gândire, răspunse.

- Vedeți dumneavoastră, poate că e mai bine așa pentru Biserică. Haideți să călătorim un pic în timp și-n imaginație. Când noi nu vom mai fi pe acest pământ și sufletul va călători liber spre raiurile sale pline de lumină și frumos, lumea cu siguranță că ne va uita. Cel puțin pe noi, care nu însemnăm mare lucru. Dar pe Achim nu-l vor uita așa ușor. Numele lui va străbate timpurile și conștiințele oamenilor și va rămâne în inima acestora ca o stea luminoasă. Dacă deja din timpul vieții poveștile care circulă despre dânsul sunt numeroase și majoritatea denaturează faptele, în bine sau rău, ce credeți că se va întâmpla când acesta nu va mai fi printre noi? Alte născociri, poveștile se vor întortochea și mai tare, unele se vor transforma în legende, altele în mituri, altele vor căpăta o aură dumnezeiască. Unii îl vor declara sfânt, alții îi vor pune poate supra-numele de Stăpânul Diavolilor sau Alungătorul Necuratului. Acum Achim le vorbește oamenilor, este mereu printre ei, îi ajută, îi sfătuiește, mereu are o vorbă bună. Dar peste zeci de ani *toate* faptele dânsului vor fi scăldate într-o lumină fantastică. Și sub ce nume îl știe poporul? ***Părintele Achim.*** Numele și destinul lui au fost mereu strâns legate de Biserică. Și lumea îl va asocia mereu ca fiind un reprezentant al acesteia. Că acum sunt bisericile goale când ține dânsul vreo slujbă, nu-i bai, timpul făurește cel mai bine și le așează pe toate la locul lor așa cum trebuie. Bisericile vor fi iarăși pline, poate că vor fi icoane cu chipul acestuia, poate chiar făcătoare de minuni. Credeți că mirenii vor veni să vază un delușor de unde a predicat Părintele de câteva ori? Sau la marginea acelei păduri, sau mai știu eu pe unde? Nu, nicidecum, ci vor veni la biserica din satul cutare, sau din satul vecin unde se întâmplă miracole, sau la cea din anii tinereții unde a slujit, și care, cine știe, va avea puterea de a tămădui bolile cele mari. Poate mormântul lui va fi un loc de pelerinaj. Vedeți dumneavoastră, un singur lucru este cert. Lumea nu-l va uita ușor pe Părinte. Și pentru Sf. Biserică va fi cel mai bine.

- Da, Nicovăț, încă o dată, mare dreptate ai. Cum expui tu faptele n-o face nimeni altcineva. Dar acum, fiind așa târziu, haideți să-l lăsăm pe Achim în pace și să mergem să facem pregătirile necesare că ne așteaptă o lungă călătorie.

- Seară bună prieteni!

- Doamne ajută!

∞

Într-una dintre zile, Achim primi o scrisoare pe căile obișnuite. El nu primea scrisori de fel, avea alte căi de comunicare pentru nevoile sale. Curios ca un copil, o deschise în grabă.

„Frate drag mie, sper ca această scrisoare să ajungă în mâinile tale. Și că ești bine, sănătos, vesel și cu bucuria de a te trăi în fiecare clipă, așa cum te știu. Am plecat și eu într-o lungă călătorie să cercetez anumite fapte, știi la ce mă refer. Nu am plecat singur, ci însoțit. Îl mai știi pe cițețul care a avut grijă să nu-ți lipsească nimic în cele trei zile când ai venit pe la noi? Pe el l-am numit noul membru al Consiliului. Bănuiesc că ți se va părea cel puțin ciudată această alegere, dar îți voi explica în detaliu când ne vom revedea. Și ne-am deghizat și noi oleacă, atât cât să nu ne recunoască careva, ne-am însușit rolurile de tată și fiu. Frumușel așa ne-am prezentat prima dată chiar la Seminarul unde am studiat noi. Auzisem eu încă de pe atunci câte ceva, dar mintea mea prea tânără și nevinovată nu dorea să accepte că aceste fapte se pot întâmpla în sânul Bisericii. Știi că provin dintr-o familie care pe parcursul multor generații toți bărbații din neam au slujit Biserica. Am vorbit și cu tătâni-meu care mi-a mărturisit că de multe ori i s-au cerut pentru mine galbeni sau alte foloase necuvenite, câteodată nuanțat, de ce le mai multe ori pe față. Niciodată nu a dat nimănui absolut nimic, să-mi fie mie mai bine sau să ajung într-o anumită funcție. Așa m-a învățat pe mine și eu, la rândul meu, chiar dacă mi-a fost foarte greu și m-am izbit de multe refuzuri, nu am oferit niciodată nimic ca să pot accede mai ușor pe undeva. Pare greu de crezut, dar se poate și cu muncă cinstită să ajungi acolo unde ți-ai propus. Chiar dacă drumul nu va fi deloc ușor, dacă voința ta este puternică și nimic nu o poate schimba atunci nimeni și nimic nu te poate opri în a-ți atinge țelul. Dar să revenim la oile noastre. Revederea Seminarului m-a emoționat și mi-a amintit de matale și de anii frumoși pe care i-am petrecut împreună. Dacă ai timp, du-te pe acolo, sigur îți va face plăcere. Sălile, holurile, biblioteca aveau același miros și acel farmec ce ne încânta, în sfârșit, aproape că locul nu s-a schimbat cu nimic. Dar nu pentru asta venisem pe acolo. Și acest tată extrem de grijuliu pentru fiul său care râvnea deja la ceruri înalte a aflat toate ce trebuiesc date și primite, cerute sau cumpărate, uitate sau dorite. Îmi amintesc că pe vremea noastră tu ai avut de suferit din această pricină și că te certai și susțineai că nu ți se pare firesc ca aceste lucruri se fie. Dar se întâmplă și-n ziua de azi și se vor întâmpla mult timp de acum încolo dacă nu vom lua imediat măsurile necesare. Gata, stop, până aici, mai mult nu se poate. Și apoi am purces și pe la celelalte locuri de învățătură care ne aparțin și am aflat și mai multe blestemății. Dar ce m-a uimit și mai tare este că, aproape peste tot sunt aceleași tarife: pentru hirotonosire 70 de galbeni, pentru așa 150, 240,500, când ajungi pe la o episcopie sunt sume chiar mai mari. Apoi aceste bunăvoințe se recuperează de-a lungul timpului prin diferitele dări și contribuții ale norodului, ca să nu mai vorbim de înmormântări, botezuri, nunți sau prin diferitele atenții de la cei pe care îi ai în subordine și care vor mai mult de la viață. Unii dintre ei strâng în câțiva ani ce nu strânge un om într-o viață prin muncă cinstită. Acest fapt nu este deloc normal, contrazice legilor omenești și celor divine. Mai am câteva drumuri de făcut și câte ceva de aflat. Să știi că și ceilalți membri au plecat să facă cercetarea cuvenită, fiecare după metoda proprie. Și când le vom pune pe toate cap la cap și vom vedea cât de mare este spurcăciunea, atunci vom vedea ce este de făcut. Acum mă întorc la treabă. Ai grijă de tine și sper că ne vom revedea curând. Te îmbrățișez. Al tău frate de viață, Nicovăț."

Când ajunse înapoi, pe masă îl aștepta o scrisoare. Știa de la cine, dar parcă nu voia încă să o deschidă. Era obosit după lunga călătorie, dar parcă era mai întristat și dezamăgit de toate cele aflate deoarece nu se aștepta ca să găsească chiar atâtea necurățenii. După ce își mai trase sufletul oleacă, desfăcu scrisoarea.

„Prieten drag, îmi doresc ca această scrisoare să te găsească bine, sănătos după călătoria de pomină pe care ai făcut-o. Eu știam că aceste blestemății se întâmplă chiar în sânul Bisericii și în cele mai înalte sfere ale ei. Chiar și până să încep Seminarul m-am lovit de câteva dintre ele, în cadrul acestuia știm amândoi ce-am mai pătimit, iar după aceea multe necazuri am avut din această privință. Ți-aș fi spus toate aceste când ne-am văzut, dar nu am vrut să-ți fac suflet rău și nu vream să pierd din scurtul timp al întrevederii noastre. Cam toată lumea știe ce se întâmplă, dar când dau de o față bisericească li se face frică și nu vor să facă păcat și acceptă aproape orice li se cere. Cei mai citiți mai pun unele întrebări, mai amână, se fac că nu înțeleg, dar, până la urmă, tot fac pe placul acestora. Frica plutește chiar și în rândul lor. De-a lungul timpului s-a creat o psihoză și anume că orice preot are în spatele lui divinitatea și el face întocmai cum aceasta poruncește. Noi însă știm foarte bine că nu are nimic de-a face și dânsul săvârșește doar pentru chivernisirea proprie. Și cu cât este mai mare grija de sine cu atât poporul are mai mult de suferit. Din păcate, aceste fapte reprobabile se întâmplă peste tot iar, din privința asta, toți avem de suferit. Această depărtare de la credința adevărată va micșora încrederea mirenilor în fețele bisericești. Tocmai de aceea prin cuvântările pe care le fac în fața oamenilor le spun, aproape de fiecare dată, că foloasele materiale pe care unii sau alții le cer nu au nimic de-a face cu Împărăția lui Dumnezeu. Și, mai ales, să nu le fie frică de nimeni și de nimic, nici de focurile iadului, nici de bucuriile grădinii eterne. Viața trebuie trăită aici, pe pământ fără să te gândești prea mult la viitorul pe care-l ți-l propun unii și alții. Poveștile lor sunt bine ambalate, sună atât de frumos și promițător, dar nu au nimic de-a face cu legile adevărate și cu voința lui Dumnezeu. Parcă ești mai aplecat să crezi în ceva ce îți dă speranța că vei ajunge în paradisul promis decât în grelele munci interioare care sunt istovitoare și care nu sunt ferite de pericole. Aproape de fiecare dată alegem calea mai ușoară, oricare ar fi aceasta, știind prea bine că nu întotdeauna va aduce și rezultatele pe care le-am fi avut dacă am fi ales drumul mai anevoios. Ei, aș mai spune eu multe, dar ai și tu atâtea pe cap și sper să ai puterea de a rezolva tot ce ți-ai propus. Și cum se zice pe la noi că la un car de oale e nevoie doar de un ciomag, așa să faci și mătăluță la nevoie. Dacă îți pot fi de folos, doar dă-mi de știre și voi face tot posibilul și imposibilul de a te putea ajuta. Cu drag, fratele tău, Achim."

Își mai aruncă ochii pe o altă foaie care era lângă scrisoare conținând o lungă înșiruire de nume, dar fără să fie specificat altceva. Oare ce putea fi? Uitând-se atent recunoscu multe nume și chiar a unor apropiați.

Asdian Cernica și Nicovăț, în așteptarea celorlalți, discutau în fiecare zi și se gândeau cum să facă mai bine. Încet-încet, picau unul câte unul de prin diferitele tărâmuri pe care le cercetaseră. După ce se odihniră un timp, Consiliul se reuni pe dată în regim de urgență, adică hotărârea luată era definitivă și trebuia înfăptuită cât mai repede cu putință.

- Mă bucur să ne revedem cu toții și haideți mai bine să ne așezăm că oboseala încă se resimte, iar, în afară de asta, avem și multe de vorbit. Eu cu băiatul meu am aflat lucruri grozave.

Nicovăț le împărtăși și celorlalți tovarăși tot ce aflase, chiar și tarifele stabilite. Fiecare avu o mică tresărire, dar nimeni nu interveni și își aștepta cuminte rândul. Arhimandritul Ciprian luă primul cuvântul.

- Dragii mei, după cum știți și vedeți sunt cel mai în vârstă dintre noi și în toată viața nu m-a încercat acest sentiment pe care vi-l voi spune pe dată. Nu am avut o viață ușoară, dar niciodată nu am făcut o faptă așa grozavă pe care să o regret. Poate că am mai greșit și eu cu un cuvânt spus la mânie sau cu câte o acțiune ce nu se potrivea întocmai cu învățătura divină. Dar *rușinea* pe care am simțit-o când am făcut această cercetare nicicând nu am simțit-o. Pe la mănăstirile, schiturile și alte locuri închinate lui Dumnezeu se întâmplă chestii foarte omenești, de prin cotloanele mai întunecate ale sufletului. Iar eu credeam că această *plecare din lume* îi va depărta pe slujitorii noștri de a real-iza vreo faptă reprobabilă. Cum se zice: omul cât trăiește învață și tot prost moare, așa și cu mine. Cât de orb am fost, crezând că tentațiile materiale nu mai puteau fi prezente în lumile noastre uitate de timp și depărtate de desfătări. Dar, chiar și pe acolo se cere și se primește, se oferă și se mulțumește. Am recunoscut și unele prețuri pe care Nicovăț ni le-a prezentat. Însă, o mică bucurie mi-a alinat sufletul greu încercat. Doar în unele lăcașuri s-au întâmplat aceste păcate și un număr destul de restrâns de suflete care au apelat la astfel de practici. Nu le-am zis sau făcut nimic pe moment, dar numele și faptele le știu. Mi-am zis să ne sfătuim mai întâi cum să facem să fie pedepsiți aceștia. Dacă era după mine, aceștia zburau din prima clipă și nu mai treceau pragul în viața vieților lor. Dar de, nițică răbdare nu strică chiar și-n aceste momente mai puțin plăcute. Dar acum sunt curios să aud și celelalte istorisiri.

Parcă nimeni nu dorea să vorbească. Eufrasie, văzând această mică îndoială, luă cuvântul.

- Parcă simt o undă de sfială în sufletele voastre. Cred că e și normal, pentru că adevărul iese puțin câte puțin la suprafață și nici nu e cel mai plăcut, nici nu este cel care ne așteptam. Noi am mers din casă în casă, din sat în sat, pe la oamenii simpli și fără dare de mână. Cei care de-abia o duc de pe azi pe mâine sau la cei care muncesc pentru alții. Poate credeam că aceștia sunt iertați de anumite dări, dată fiind situația lor destul de sensibilă. Întotdeauna dorim să vedem partea plină a paharului. Dar acest pahar al mulțimii obidite, nu știu cum se face, întotdeauna e întors invers. Să zicem, că unele taxe nu se potrivesc cu cele expuse de Nicovăț și sunt mai mici, dar, având în vedere situația precară a acestora, sunt foarte mari și foarte greu pot fi plătite. Foarte mulți dintre ei nici nu merg și nici nu vor să audă de Biserică pentru că asociază aceste fapte cu doctrina acesteia. Și de aici la ura față de ortodoxie și vrerea lui Dumnezeu mai e doar un singur pas. Ca să mai întorci un om de pe această cale este practic imposibil. Și apoi ne întrebăm de ce nu mai vine lumea la biserici. Repede găsim un răspuns și-i aruncăm, de exemplu, în cârcă lui Achim vrute și nevrute. Acum îl cunoaștem cu toții și cred că nimeni nu se mai îndoiește de dânsul. Dacă am fi avut numai oameni ca el în rândurile noastre atunci nu mai aveam astfel de griji, sunt absolut convins. Dar de, să vedem ce avem de făcut în clipa de față.

După o oarecare pauză în care toți păreau cufundați într-un fel de meditație Gheraldin șopti.

- Dragii mei frați, iertați-mă că îndrăznesc să rup această neprețuită tăcere în trup și-n spirit, v-aș mai fi lăsat mult și bine în această stare, dar timpul ne presează și avem multe de făcut. Iar după cum vorba dulce mult aduce, am făcut și eu câteva vizite de curtoazie și nu numai. Și aducând vorba, așa, pe departe, de anumite suspiciuni și zvonuri am aflat că acestea nu erau total neadevărate, ci, aș spune mai degrabă, incomplete. Mai apoi, m-am întreținut cu ceva cunoștințe și, din vorbă în vorbă, au mai ieșit la iveală alte dedesubturi. Și, nu în ultimul rând am vorbit cu cei care credem noi că realizează aceste fapte mai puțin agreate de legile firii. Chiar am crezut că vor susține varianta nevinovăției ori a unor greșeli de moment. Nu, nicidecum. Într-un anumit fel erau chiar mândri cu ceea ce făcuseră și nu se sfiau deloc în a arăta. Ziceau că așa era *normal* de când se știu și așa va fi mereu. Și chiar glumeau zicând că bunului Dumnezeu îi place să vadă pe cineva cu burdihanul bine încărcat de bucate alese și punga plină de galbenii strălucitori. Că viața făcută numai din cruci de post e o pierdere de timp. Și multe altele pe care nu cred că mai trebuie să le rostesc. În fine, să spunem că darurile care trebuie date se potrivesc întocmai cu ce ne-a zis Nicovăț. Parcă e prea mare coincidența. Cum se poate așa ceva?

- Se poate Sfinția Ta, cum să nu se poată. Omul e atât de slab în fața păcatului. Am vrea să credem că odată ce a îmbrăcat haina bisericească toată această tentație materială a plecat pentru totdeauna din suflet și că se va ocupa numai de cele sfinte. Mă rog, destinul pe care îl scriu aceștia îl vor citi ei înșiși mai târziu sub o formă sau alta. În călătoria asta a mea, cu cine m-am văzut, cu cine am vorbit, aproape toți mi-au confirmat același lucru. Oare mai are rost să spun că aceste bunăvoințe se potrivesc întocmai cu celelalte? De fapt, sunt niște lupi în blană de oaie care câteodată se mai mănâncă și între ei, dar care se înțeleg foarte bine când este vorba de colectarea sumelor aferente.

- Da, așa este și adevărul trebuie privit în față. Apoi cât domniile voastre au fost plecate aiurea eu am rămas pe aici să văd ce și cum. Tare mi-a fost mirarea să aflu că și pe aici se întâmplă lucruri necurate. Și persoane pe care le cunoaștem destul de bine și de care nu te-ai fi îndoit niciodată până acum. Nu mai spun că taxele corespund întocmai, dar într-un fel sau altul, de aici se fac și se desfac. Și apoi, ce să vezi, minune, doar în câteva zile se știe peste tot de această nouă creștere sau câteodată, mai rar ce-i drept, de o scădere. În sfârșit, această ajustare trebuie folosită imediat, ca să nu se creeze confuzie. Așa e legea lor. S-a creat un fel de organizație, chiar în sânul nostru, care căpușează în mare taină.

- Cam asta e, esența acestei necurățenii. Apoi, împreună cu Andrei și cu Asdian Cernica am întocmit niște scrisori și le-am trimis acelora în care avem încredere deplină. Încet-încet răspunsurile au început să vină. Am uitat să vă spun că am primit scrisoare de la Achim. E bine, sănătos, își vede de ale lui, înțelegeți dumneavoastră. Ei bine, lângă scrisoare se afla o foaie mare pe care se găsește o lungă înșiruire de nume. Uitați-o! La început nu mi-am dat seama ce este cu ea, dar apoi am recunoscut câteva nume. Și când au venit răspunsurile pe care noi le cerusem în taină, ei, ce să vezi se potriveau întocmai cu cele de pe listă. Încă mai așteptăm multe răspunsuri, care, la rândul lor, bag mâna în foc pentru asta, se vor potrivi cu cele de pe listă. De unde știe Achim atât de multe și cum face nu mai stau să-mi bat capul, mereu e plin de surprize. Acum ce ziceți să facem cu ei?

- Păi să fie trași fiecare la răspundere după faptă. Dacă e foarte mare să fie excluși și dați pe mâna autorităților, dacă e așa și așa să-și piardă dreptul de a exercita, dacă e la prima abatere poate să trecem și noi cu vederea.

- E prea grav ce se întâmplă și dacă nu luăm o măsură mai îndrăzneață acest sistem își va reveni într-o zi și ne va devora cu mai multă ferocitate.

- Avariția, odată instalată în sufletul omului, nu mai poate fi stăpânită sau scoasă de acolo. Eu zic că toți cei care se află vinovați de aceste fapte să fie excluși din cadrul Bisericii pentru totdeauna, iar cei care au săvârșit cele mai grave blestemății să răspundă și în fața legii.

- Da și eu cred că e cel mai bine așa, dar ce ne facem după aceea? Că sunt câteva zeci, dacă nu cumva trece suta, poate chiar și pe a doua. Cine îi va înlocui pe toți aceștia pentru bunul mers al Bisericii?

- Decât să-i facă mai mult rău și să o defăimeze în așa hal, mai bine să nu fie în acel post. Da, vom avea ceva de tras până când vom găsi oameni de încredere și ispravă, dar na, asta e. Nu poți să le ai pe toate chiar mereu.

- Apoi eu cunosc niște tineri destoinici care ar face treabă bună în postul pe care îl vor sluji. Nu sunt mulți, dar pentru aceștia bag mâna în foc că nu se vor abate de la drumul sfintei credințe.

- Brava Andrei, așa te vreau și dacă mai sunt și alții dă-ne de știre. Ne trebuie o primenire a oamenilor, dar și a mentalității.

- Deci, facem așa? Că azi e reuniune de urgență...

- DA! răspunseră toți în cor.

- Așa vă vreau, flăcăi. E bine așa. Astăzi am rescris istoria și sper că de data asta să învățăm din greșelile noastre. Este o zi mare pentru...

Se auziră câteva bătăi îndrăznețe în ușă. De obicei, nimeni și nimic nu deranja aceste întrevederi. Cine să fie oare? Andrei se duse să vadă.

- A, dumneavoastră sunteți, haideți intrați, chiar vă așteptam cu nerăbdare.

- Am venit într-un suflet, rosti comandantul.

- Mai bine nici că se putea, sunteți omul potrivit la locul potrivit. Știți așadar, din scrisoarea pe care v-am trimis-o, toate detaliile. Mai rămânea să vă înștiințăm de hotărârea noastră pe care am luat-o cu cel mult cinci minute în urmă. *Se face* și toți vinovații vor plăti cu vârf și îndesat. Să suporte rigorile legii și nu doar măsurile noastre.

- Tare mă bucur că v-ați hotărât așa. În acest fel avem și noi toată libertatea necesară pentru a acționa deoarece, chiar și la noi, există unele prejudecăți și tare greu ni se dă învoire să aducem în cătarea legii câte o față bisericească. Am adus o listă cu câteva nume pe care îi avem în vizor de ceva timp.

Nicovăț examină acele nume. Se potriveau întru-totul ce cele de pe foaia lui Achim.

- Stimați Părinți, haideți să vorbim concret de cineva care se află pe această listă. Din întâmplare, este o persoană pe care o cunosc. Copii fiind, ne jucam ades' împreună. Era din satul vecin, situația sa materială nu era strălucită, ba dimpotrivă. Erau cinci frați, aveau o bucată mică de pământ care de-abia le ajungea și o casă ce sta mai mult să cadă. Cu timpul fiecare și-a încropit o mică căsuță și o familie și de-abia se ajungeau pentru ziua de mâine. Mai apoi am plecat și eu pe drumul ăsta al dreptății și vreme multă nu am mai auzit de ei. După ceva timp am revenit și eu prin locurile natale. Patru dintre aceștia o duceau ca mai înainte, poate chiar mai rău. Ei bine, unul dintre ei își construise niște case de se uita Soarele după ele, de până și cei mai înstăriți boiernași de prin partea locului se minunau. Și cum făcuse acest lucru? *Se făcuse preot.* Se pare că cineva l-a sfătuit și mai întâi se învârtea pe lângă biserică cât era ziua de mare, apoi intră dascăl și cum preotul era bătrân își luase rămas bun de la astă lume, ce-a făcut, ce n-a făcut, se instală și nimeni nu zise nimic. Și numai în câțiva ani a reușit să strângă o avere frumușică, să cumpere pământurile cele mai bune, să aibă dobitoace multe, grădini îmbelșugate, plus argați care trebăluiau de dimineața până seara. Să nu-mi spuneți că toate acestea le-a făcut din salar, știu foarte bine cât este acesta. Am întrebat și eu în dreapta și-n stânga și am aflat toate foloasele pe care le cerea, în afară de cele stabilite în mod oficial. Și toată lumea le știa, dar nimeni nu se încumeta să zică ceva, că doar era omul lui Dumnezeu. Strângea de la unul și de la altul și nici măcar pe frații lui nu-i ierta deloc, iar la rândul lui dădea și el mai departe că doar așa mergea treaba. Nu zic să nu-și fi construit o casă frumoasă, să aibă ceva pământ, așa e tradiția la noi, să ajuți pe preotul cel tânăr care vrea să-și facă un rost. Dar de aici și până la construirea unui conac e o cale lungă și astfel l-am luat și noi în cătare și am strâns dovezile de care aveam nevoie. Acum că avem și acordul domniilor voastre știm ce avem de făcut. Așadar, să nu mai pierdem vremea, că sunt multe de făcut. Rămâneți cu bine și ne mai auzim. Acuma plec, dar nu înainte să iau cu mine de pe aici vreo doi, trei slujitori ai credinței care au păcătuit cel mai grav. Aș putea să vă zic și numele, dar le veți descoperi când nu îi veți mai vedea pe aici. Rămâneți cu bine Sfințiile Voastre!

- Domnul să te ajute!

- Se pare că lucrurile încep să meargă în direcția cea bună, chiar mai repede decât ne-am fi așteptat. Deja unele capete au căzut, altele vor urma mâine și în zilele următoare. Poate va dura două-trei luni până când toți cei vinovați vor plăti pentru nelegiuirile lor. Prea am urmat ca la carte învățătura cu iertarea aproapelui și se pare că am fost mult prea îngăduitori. Parcă mi s-a luat o piatră de pe inimă. Să fie într-un ceas bun.

- Doamne ajută!

- Oare Achim ce-ar zice?

- E, răspunse cineva, ține de vreo trei săptămâni niște cuvântări la poalele unui munte și multă lume se duce pe acolo. Măcar așa nu ne mai ia lumea de prin biserici.

- Parcă eu am auzit că în timpul săptămânii reface pictura dintr-o biserică veche ce are nevoie urgentă de reparații serioase.

- Mie mi-a zis cineva că între aceste îndeletniciri își face timp să meargă din sat în sat, din târg în târg, să-i caute pe cei mai oropsiți și să-i ajute cu d-ale gurii, cu haine și cu o vorbă caldă.

- Eu am auzit că...

Ioanid Damianul se ridică brusc în picioare și bătu cu degetele în masă.

- Liniște fraților, vă rog, lăsați-mă și pe mine să vă zic vreo două vorbe. V-aș mai fi lăsat să spuneți ce ați auzit, dar parcă nu mă lasă inima.

- Adică ce vrei să spui, că Achim nu face astfel de fapte?

- De făcut, le face, fără îndoială. Dar nu și de data asta. Poate nu noi suntem cei vizați pentru a ne face să credem că întreprinde aceste acțiuni, știe el cel mai bine motivele. Și să nu-mi vorbiți mie de arta deghizării, mai ales că și unii dintre noi s-au bucurat de această artă. Vedeți dumneavoastră, cel puțin acum și poate nu numai, când organizează această deghizare este mereu în mijlocul oamenilor de unde poate fi văzut și auzit cu ușurință. Chiar merge din casă în casă. Chiar îi atinge pe cei bolnavi. Nu foarte mulți știu cu adevărat cum arată Achim al nostru. Și nu cred că unui om de-al său, pe care l-a instruit înainte, să-i fie foarte greu să imite atitudinea și cuvintele sale. Pe la exorcizări nu cred că se întâmplă, este o treabă mai serioasă, care necesită pe cineva într-adevăr pregătit. Știți deja că eu și Achim am mai colaborat și schimbat bunuri și idei referitoare, în special, la arta bisericească. Și să spunem că este o lume destul de restrânsă și cunoaștem ceva despre fiecare. De această dată, dintr-o sursă demnă de toată încrederea, am aflat cam pe unde e și ce face.

O a doua persoană mi-a confirmat că l-a văzut într-o splendidă caleașcă, trasă de patru cai albi, în compania unei tinere domnițe plimbându-se pe străzile florentine. Punând cap la cap toate informațiile am aflat că face un voiaj în străinătate, prin cetățile de seamă și pe la marile galerii de artă. Se pare că ajută o domniță de viță nobilă în vânzarea sau cumpărarea unor tablouri de mare valoare. Și nu este Achim pe care-l știm cu toții, ci unul elegant, șarmant și oferind acestei misterioase domnițe o atenție deosebită. Poate chiar plimbându-se cu o gondolă prin orașul iubirii eterne.

- Ptiu, bate-mă să mă bată, strașnic Părintele nostru. Avem noi o vorbă și bună e: ce se naște din pisică șoareci mănâncă.

- Dar mai lăsați-l păcatele mele în pace, dar ce, nu merită și dânsul un pic de fericire lumească?

- Ba da și chiar cu vârf și îndesat că mult a trudit pentru fiecare câștig pe care l-a avut în viață. Acum haideți fiecare pe la odăile noastre, deoarece în zilele următoare avem mult de lucru. Doamne ajută!

Nu știm cum se face, dar stelele strălucesc mai frumos când le vezi pentru prima dată pe alte meleaguri. Patru ochi scânteiau mai tare în noaptea depărtată. O haină pusă cu grijă pe umerii goi, admirând de undeva de sus frumusețea acelei cetăți, aducea căldura și speranța unei splendide zile. Poate, aceasta, uita să mai vină.